Genti Beqiri

Kundenbindung über das Internet unter Berücksichtigung des Online-Handels

Genti Beqiri

Kundenbindung über das Internet unter Berücksichtigung des Online-Handels

GRIN Verlag

Bibliografische Information der Deutschen Nationalbibliothek: Die Deutsche Bibliothek verzeichnet diese Publikation in der Deutschen Nationalbibliografie; detaillierte bibliografische Daten sind im Internet über http://dnb.d-nb.de/ abrufbar.

1. Auflage 2007
Copyright © 2007 GRIN Verlag
http://www.grin.com/
Druck und Bindung: Books on Demand GmbH, Norderstedt Germany
ISBN 978-3-638-71208-8

Hochschule Wismar

Fachbereich Wirtschaft

Diplomarbeit

Kundenbindung über das Internet
unter Berücksichtigung des Online-Handels

Diplomarbeit zur Erlangung des Grades eines

Diplom-Wirtschaftsinformatikers (FH)

der Hochschule Wismar

eingereicht von: Genti Beqiri
Studiengang: Wirtschaftsinformatik

Wismar, den 14. Februar 2007

Danksagung

Auf dem Weg, den man bei der Durchführung einer Studie gehen muss, wird man von verschiedenen Menschen begleitet, die einem zum richtigen Zeitpunkt und an geeigneten Stellen mit Rat und Tat zur Seite stehen. Eine parallel durchgeführte Berufstätigkeit macht diese Hilfe umso wertvoller, da man sonst den benötigten Elan nur schwer aufbringen könnte.

Daher möchte ich mit meinem Dank beim Betreuer dieser Arbeit, Herrn Prof. Dr. Dr. Herbert Neunteufel, beginnen, der mir von Anfang an mit seinen Ratschlägen zur Seite stand.

Mein besonderer Dank gebührt außerdem Herrn MA, dipl. SHP Meier Raffael von Onlineumfragen.com, der mich insbesondere bei der Erstellung und Auswertung der Internetbefragung unterstützt hat.

Ferner möchte ich mich bei allen Teilnehmern bedanken, die sich die Mühe gemacht haben, den Fragebogen auszufüllen und die dadurch meine Arbeit eigentlich erst ermöglicht haben. In diesem Zusammenhang danke ich auch dem Unternehmen Novomind AG, das mir durch die Zusendung aktueller Studien Vergleichsmöglichkeiten eröffnet hat.

Weiters möchte ich mich bei Herrn Dipl.-Ing. Schöllhammer Günther, der mir durch konstruktive Fachgespräche behilflich war, bedanken.

Abschließend möchte ich mich bei meiner Frau Evelyn bedanken, die mich während meiner gesamten Studienzeit tatkräftig unterstützt hat.

Kurzfassung

Der Trend zur Kommunikations- und Informationsgesellschaft sowie die ständig wachsende Nutzung des Internets rufen immer mehr neue Anbieter und Anwendungen auf den Markt. Begriffe wie „E-Commerce", „Online-Handel" oder „Online-Shopping" haben sich etabliert und sind fester Bestandteil des täglichen Vokabulars geworden.

Die vorliegende Arbeit beschäftigt sich sowohl theoretisch als auch empirisch mit dem Thema „Kundenbindung über das Internet unter Berücksichtigung des Online-Handels".

Nach einer Einführung in die Methodik des Vorgehens einer empirischen Erhebung aus Kundensicht werden die Begriffsdefinitionen und die wichtigsten Geschäftsformen im Online-Handel erläutert. Das zweite Kapitel erklärt die wichtigsten Konzepte und Perspektiven im Zusammenhang mit dem Online-Handel.

Im dritten Kapitel werden die psychologischen und faktischen Grundlagen der Kundenbindung analysiert, wobei diese Erwägungen mit aktuellen Trends und der ökonomischen Bedeutung der Kundenbindung weitergeführt werden.

Das vierte und fünfte Kapitel beschäftigen sich mit den Erfolgsphasen des E-Commerce, beginnend mit der Präsenz im Internet über das Vertrauen und die Neukundengewinnung bis hin zu den einzelnen Instrumenten der Kundenbindung sowie einem Beschwerdemanagement als Weg der Kundenrückgewinnung.

Abschließend folgen rechtliche Aspekte des Online-Handels und ein zusammenfassendes Fazit, das die Kundenbindung im Online-Handel als besonders wichtig, wenn auch schwierig, aber möglich darstellt, da sie teilweise schon Realität ist.

Inhalt

# I.	Abbildungsverzeichnis

II.   Tabellenverzeichnis

III. Abkürzungsverzeichnis

3D	dreidimensional
AGB	Allgemeine Geschäftsbedingungen
ASCII	American Standard Code of Information Interchange
B2B	Business-to-Business
B2C	Business-to-Consumer
BITKOM	Bundesverband Informationswirtschaft Telekommunikation und neue Medien e. V.
C2C	Consumer-to-Consumer
CLV	Customer Lifetime Value
CRM	Customer Relationship Management
CSS	Cascading Style Sheets
CSV	Character Separated Values
DDV	Deutscher Direktmarketing Verband
ECC	Electronic-Commerce-Center
EDV	Elektronische Datenverarbeitung
ERP	Enterprise Resource Planning
FAQ	Frequently Asked Questions
HTML	Hypertext Markup Language
IBM	International Business Machines Corporation
IP	Internet Protocol
JPEG	Joint Photographic Experts Group
LCD	Liquid Crystal Display
MSN	The Microsoft Network
NEG	Netzwerk Elektronischer Geschäftsverkehr
PC	Personal Computer
PDF	Portable Document Format

RDF	Resource Description Framework
RFID	Radio Frequency Identification
RoHS	Restriction of the use of certain hazardous substances in electrical and electronic equipment
RSS	Really Simple Syndication
SIP	Session Initial Protocol
SSL	Secure Sockets Layer
UMTS	Universal Mobile Telecommunication System
URL	Uniform Resource Locator
USB	Universal Serial Bus
VoIP	Voice over IP
WLAN	Wireless Local Area Network
XML	Extensible Markup Language

1 Einleitung und Begriffsdefinitionen

1.1 *Problemstellung*

Die aktuellen Marktentwicklungen und Veränderungen des Konsumverhaltens einerseits und die Entwicklung der Informations- und Kommunikations-Technologie andererseits haben die Bedeutung der Kundenbindung als Marketingziel stark erhöht. Ein immer größer werdender Wettbewerb überschwemmt den Markt mit Waren und Dienstleistungen, die voneinander kaum noch zu unterscheiden sind.

Diese Substituierbarkeit erfordert sowohl, die qualitativen Unterschiede effizient zu vermitteln, als auch die einmal gewonnenen Kunden langfristig an das Unternehmen zu binden. In Zeiten wirtschaftlicher Schwierigkeiten und Kundenknappheit kommt der Kundenbindung eine bedeutende Rolle zu.

Mit dem Internet haben sich völlig neuartige Möglichkeiten zum Aufbau besserer und intensiverer Kundenbeziehungen ergeben.

Die Anbieter breitbandiger Internet-Anschlüsse bieten durch ihren Preiskampf laufend günstigere Flatrates an. Somit ist die benötigte Basistechnologie im Großteil der Haushalte vorhanden. In diesem Kontext eröffnet das Internet dem Kunden die Chance, im Nu Angebote zu finden und zu vergleichen, die er sonst nie wahrgenommen hätte. Die Bedeutung des Internets für die Kaufanbahnung ist bereits jetzt sehr hoch und wird weiterhin anwachsen.

Auch die Markttransparenz und die Konkurrenz nehmen stetig zu. Neue Trends wie verkürzte Produktlebenszyklen, wachsende Qualitätsansprüche, Individualisierung des Konsumverhaltens, Instant-Mentalität der Kunden, etc. erfordern seitens der Unternehmen rasche Reaktionen und Anpassung. Hier findet der Online-Handel eine ausgezeichnete Möglichkeit, die Kunden rund um die Uhr zu betreuen. Gleichzeitig können Angebote und Preise laufend aktualisiert werden. Die Online-Umsätze sind zwar noch gering, steigen aber stetig. Zudem erkennen immer mehr Unternehmen die positiven Auswirkungen des Internets, allerdings werden diese Potenziale trotz vorhandener Internetpräsenz derzeit erst in Ansätzen ausgeschöpft. Auch kleinen und mittleren Unternehmen bieten sich durch einen gelungenen Online-Auftritt große Chancen zur Kundengewinnung und -bindung.

Zusammenfassend kann gesagt werden, dass die Kundenbindung ein bedeutender Wettbewerbsfaktor geworden ist, auf den kein Unternehmen verzichten kann. Deshalb beschäftigt sich diese Diplomarbeit mit der Frage, ob unter dem verbreitenden Spruch „das nächste Angebot im Internet ist nur einen Mausklick entfernt" eine Kundenbindung im Online-Handel möglich ist und wenn ja, welche der umfangreichen Instrumente, die das Internet anbietet, in welcher Form eingesetzt werden sollen? Was wollen die Kunden wirklich?

1.2 *Methodisches Vorgehen*

Die Argumentation dieser Arbeit stützt sich überwiegend auf empirische Erhebungen, die durch eine eigene zielgerichtete Befragung durchgeführt wurden. Außerdem wurden auch aktuelle Umfragen renommierter Institutionen berücksichtigt. Aus den möglichen empirischen Methoden wurde die offene Internetbefragung ausgewählt und deswegen bevorzugt, weil mit dem Einstieg in die Befragung zunächst einige internetspezifische Voraussetzungen erfüllt sein müssen und somit Medienbrüche vermieden werden. Diese Form der Befragung stellt zwar eine standardisierte Erhebung dar, kann aber nicht fehlerfrei sein. Die Repräsentativität und die Abdeckung der Zielgruppe werden häufig als Mängel erwähnt. Demgemäß wurde durch die gezielte Verbreitung des Links versucht, besagte Mängel möglichst zu reduzieren.[1]

Die Befragung richtete sich an Endkunden, die bereits online Waren oder Dienstleistungen gekauft bzw. bestellt haben. Um diese Teilnehmer zu erreichen, wurde der Link in Preissuchportalen und Kundenmeinungsforen platziert, sowie an ausgesuchte Personen per E-Mail versendet. Bevorzugt wurden Foren und Teilnehmer aus der Unterhaltungselektronik und dem Hardwarebereich, da dieses Segment im Online-Handel stark umkämpft wird und derzeit regelrecht boomt. Bereits jeder zehnte Flachbildfernseher sowie 15 Prozent der Receiver und 17 Prozent der Camcorder werden online erworben.[2]

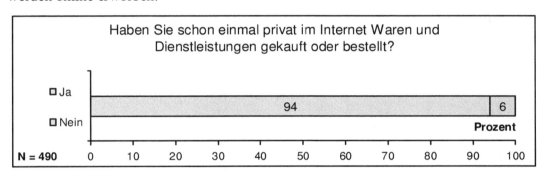

Abb. 1:Online-Käufer[3]

Die Internetbefragung fand von September bis Oktober 2006 über einen Zeitraum von fünf Wochen statt. Als Anreiz für die Teilnahme wurden 10 USB-Sticks für eine Verlosung zur Verfügung gestellt. 782 Teilnehmer haben den Fragebogen geöffnet, 510

---

[1] Vgl. Hudetz, K.; Duscha, A.; Wilke, K. (2004): Kundenbindung über das Internet: Ergebnisse einer empirischen Studie, Elektronische Fassung. – Köln: Institut für Handelsforschung an der Universität zu Köln, S. 16.

[2] Vgl. Eisenblätter, M. (2006): Consumer Electronics im Umbruch, 16.11.2006, URL: http://www.gfk.com/group /press_information/press_releases/001058, Stand: 19.11.2006.

[3] Quelle: Eigene Umfrage, durchgeführt im September 2006, vollständige Auswertung der Befragung in Anlage B.

davon haben mindestens eine Frage beantwortet und 418 Fragebögen konnten durchgehend verwertet werden.

Der Fragebogen gliedert sich in 22 Multiplechoice- und Tabellen-Fragen sowie in Ja/Nein Filter, wobei die Fragen in vier Gruppen unterteilt wurden. Die Datenerhebung begann mit der Frage nach dem Internetzugang und der Internetnutzung, da diese die Basis für alle anderen Internetaktivitäten bilden.

Bei der zweiten und umfangreichsten Gruppe richtete sich das Hauptaugenmerk auf das Einkaufen übers Internet. Dabei wurden mit Hilfe eines Ja/Nein Filters, wie in der Abbildung 1 gezeigt, nur die Online-Käufer für die weitere Befragung heraussortiert.

Die Fragen in diesem Bereich betreffen zuerst die Suche nach einem Onlineshop und nach einer Warengruppe als grundlegende Kriterien. In der Folge steigt die Komplexität der Fragen, und der Fokus wird immer mehr in Richtung Kundenbindung gesetzt. Somit behandeln die Fragen 7, 8 und 9 wichtige Faktoren der Kundenbindung wie die Kaufintensität beim gleichen Händler, die wichtigsten Kriterien der Shopauswahl und den Preis, den man bereit ist, im Shop seines Vertrauens zu zahlen.

Die Fragen 10 und 11 versuchen Probleme und Mängel während des Kaufprozesses herauszufiltern und zu erfassen. Ab Frage 12 werden wieder alle Teilnehmer zusammengeführt, da auch Bedenken von Nicht-Online-Käufern bedeutungsvoll sind. Die Frage 13 soll die Rolle des Internets und des stationären Handels bei der Kaufanbahnung erfassen, was besonders wichtig für den Multi-Channel-Vertrieb ist.

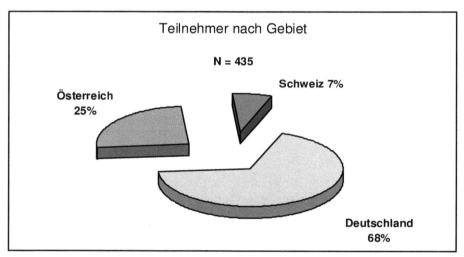

Abb. 2: Teilnehmer nach Gebiet[4]

Mit der Frage 14 startet auch die dritte Gruppe, die das wichtigste und verbreitetste Instrument behandelt, nämlich E-Mail-Newsletter, wobei ebenfalls ein Filter herangezogen wurde, um die Empfänger von Nichtempfängern zu trennen. Die Fragen

---

[4] Quelle: Eigene Umfrage, 2006.

15 und 16 erfassen die Informationen, die Funktionen und die Häufigkeit des Newsletters. Dieser Block schließt mit der Frage 17 hinsichtlich Bedenken gegen Newsletter.

Der letzte Abschnitt sammelt die statistischen Daten der Probanden wie Geschlecht, Alter, Land und Postleitzahl. Die Verteilung der Teilnehmer umfasst den deutschsprachigen Raum, denn der Online-Handel kennt keine Grenzen. Besonders zwischen Deutschland und Österreich wird der Warenverkehr im Endkundenbereich sehr intensiv abgewickelt.

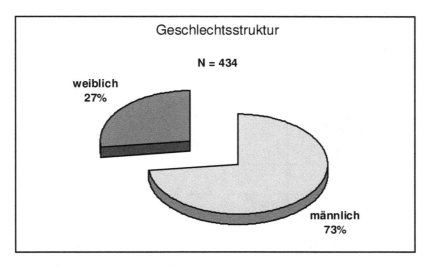

Abb. 3: Geschlechtsstruktur der Teilnehmer[5]

Obwohl, wie bereits erwähnt, die offene Internetbefragung aufgrund der Methodik keinen Anspruch auf Repräsentativität erheben kann, zeigt die Teilnehmerstruktur dieser Umfrage doch ein recht ausgewogenes Bild der Online-Käufer. Wie in der Abbildung 3 dargestellt, weist die Internetbefragung einen Anteil von 73 Prozent männlicher und 27 Prozent weiblicher Probanden auf.

Der Anteil der männlichen Teilnehmer variiert von 80 Prozent bei den 14 – 24-Jährigen bis 60 Prozent bei über 45-Jährigen. Erklären lässt sich das mit dem traditionell höheren Anteil der männlichen Käufer unter den „Vielkäufern", wobei die Geschlechtsstruktur der ECC-Studie 2004 stark ähnelt.[6]

Hinsichtlich der Altersstruktur liegt die Konzentration der Teilnehmer mit 66 Prozent im Altersbereich von 25 bis 45 Jahren, während die Anteile der Jüngeren mit 18 Prozent und die der Älteren mit 16 Prozent vertreten sind, wie in Abbildung 4 dargestellt. Auch diese Verteilung ähnelt bis auf leichte Abweichungen der Altersstruktur der ECC-Studie 2004 über die Kundenbindung über das Internet.

---

[5] Quelle: Eigene Umfrage, 2006.

[6] Siehe: Hudetz, u. a., 2004, S. 18.

Basierend auf den Ergebnissen dieser Umfrage wird die Kundenbindung über das Internet in sieben Abschnitten behandelt. Zunächst werden Begriffe wie Kundenbindung und Online-Handel definiert und abgegrenzt.

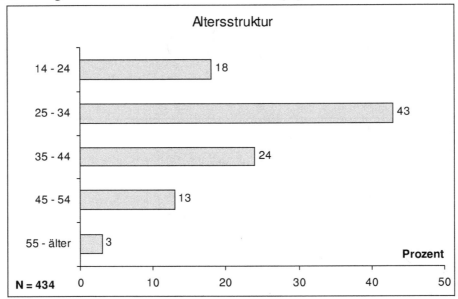

Abb. 4: Altersstruktur der Teilnehmer[7]

Im 2. Abschnitt wird die Basis der Kundenbindung über das Internet, nämlich die elektronischen Märkte mit den verbreitetsten Vertriebsformen im B2C Bereich und deren Vor- und Nachteile erarbeitet.

Der 3. Abschnitt beschreibt die theoretischen Ansätze der Kundenbindung, die in psychologische und faktische Aspekte unterteilt werden. Die Zufriedenheit als psychologischer Faktor wird nach dem Kano-Modell analysiert. Produkt-, Preis-, Distributions- und Kommunikationspolitik sind andere Aspekte, die im Rahmen der faktischen Bindung untersucht und mit Zahlen aus der Umfrage belegt werden.

Im 4. Abschnitt stehen die neuen Trends des Konsumverhaltens im Vordergrund. Basierend auf vielen nachhaltigen Veränderungen wird die Bedeutung der Kundenbindung für Unternehmen hervorgehoben. Umsatzsteigernde, kostensenkende und wechselseitige Effekte durch die Weiterempfehlung, die sinkende Preissensibilität etc. werden erklärt und mit Ergebnissen der Befragung untermauert.

Der Weg der Kundenbindung von der Besucherakquisition über die Neukundengewinnung bis zur Kundenbindung wird im 5. Abschnitt abgehandelt.

Im 6. Abschnitt werden die verschiedensten Instrumente der Kundenbindung erforscht und durch Zahlen aus der Umfrage unterstützt. Schwerpunkte sind neben den bekannten

---

[7] Quelle: Eigene Umfrage, 2006.

Methoden wie E-Mail oder Newsletter auch die Einführung neuer Kommunikations-mittel wie VoIP, RSS-Feed etc.

Da das Internet kein rechtsfreier Raum ist, werden auch einige wichtige Aspekte wie Informationspflichten des Anbieters, E-Mail Werbung, Fernabsatzgesetz etc. als Grundsätze des Geschäftsverkehrs im Internet im 7. Abschnitt dargestellt.

Abschließend werden die obigen Erläuterungen unter Berücksichtigung der Schlussfolgerungen zusammengefasst.

1.3 *Kundenbindung – Definition und Abgrenzung*

Kundenbindung kann als die Aufrechterhaltung von Geschäftsbeziehungen zu Kunden verstanden werden. Das bedeutet, dass der Nachfrager mindestens einmal gekauft hat und somit Kunde geworden ist. Grundsätzlich ist ein Kunde nicht allein der Endverbraucher, aber da sich das Hauptaugenmerk dieser Arbeit auf die Endverbraucher richtet, sind sie im Folgenden als Kunden zu verstehen.

Laut Ausschuss für Definitionen zu Handel und Distribution liegt eine Kundenbindung vor „wenn Nachfrager wiederholt denselben Anbieter bzw. dieselbe Marke bevorzugen oder dies in der Zukunft zu tun beabsichtigen, insbesondere dann, wenn ihnen Alternativen zur Verfügung stehen und sie aus einer Verbundenheit bzw. positiven Einstellung handeln."[8]

Auch der Anbieter seinerseits versucht mit seinen Aktivitäten besagtes Verhalten auszulösen. Eine andere Definition, die dieselben Aktivitäten berücksichtigt, und die dieser Arbeit zugrunde gelegt wird, stammt von *Homburg* und *Bruhn*.

„Kundenbindung umfasst sämtliche Maßnahmen eines Unternehmens, die darauf abzielen, sowohl die Verhaltensabsichten als auch das tatsächliche Verhalten eines Kunden gegenüber einem Anbieter oder dessen Leistung positiv zu gestalten, um die Beziehung zu diesem Kunden für die Zukunft zu stabilisieren bzw. auszuweiten."[9]

Kundenbindung kann also aus zwei Blickwinkeln betrachtet werden.

-       Die gezielten Aktivitäten des Anbieters, Kunden an das Unternehmen zu binden.

---

[8] Ausschuss für Definitionen zu Handel und Distribution (Hrsg.) (2006): Katalog E: Definitionen zu Handel und Distribution, Elektronische Fassung, 5. Aufl. – Köln: Institut für Handelsforschung an der Universität zu Köln, S. 78.

[9] Bruhn, M.; Homburg, Ch. (2005): Kundenbindungsmanagement – Eine Einführung in die theoretischen und praktischen Problemstellungen, in: Bruhn, M.; Homburg, Ch. (Hrsg.): Handbuch Kundenbindungsmanagement: Strategien und Instrumente für ein erfolgreiches CRM, 5. überarbeitete und erweiterte Aufl. – Wiesbaden: Gabler, S. 8.

18

- Die Bereitschaft des Kunden, beim gleichen Anbieter wieder einzukaufen.[10]

Man kann aber diese zwei Seiten nicht getrennt voneinander betrachten, da erst die Maßnahmen eines Unternehmens die nötige Kundenzufriedenheit erzeugen, welche ihrerseits Folgekäufe auslöst. Das Ziel des Unternehmens besteht darin, die Kunden zufriedener zu machen, als die Mitbewerber es können.

Kundenbindung kann sich auf ein bestimmtes Unternehmen, auf ein bestimmtes Produkt, auf Marken oder auf eine Bezugsperson beziehen.

- *Unternehmen:* Der Kunde kauft nur in einem bestimmten Onlineshop, da er dort gute Erfahrungen gemacht hat.

- *Produkt:* Ein Außendienstmitarbeiter wird immer wieder einen Laptop kaufen, da er ihn überallhin mitnehmen kann.

- *Marke:* Kunden entwickeln eine Sympathie für Hersteller oder Marken, indem sie vermehrt oder ausschließlich bestimmte Marken kaufen. In diese Kategorie könnte man einen Mercedes-Fahrer einordnen, der nie auf die Idee kommen würde, eine andere Marke zu kaufen.

- *Bezugsperson:* Auch eine Bezugsperson kann der Grund für ein Wiedersehen sein, z. B. der nette Verkäufer von nebenan oder der Berater, der sich immer Zeit für den Kunden nimmt.[11]

Diese Arbeit, die das weltweite Internet als Basis für die Kundenbindung untersucht, wird hauptsächlich Unternehmen als Bezugsobjekte sehen. Im Laufe der Arbeit werden aber auch Produkte und Marken, die mit dem Sortiment zusammenhängen, eine Rolle spielen.

Anzumerken ist, dass der Begriff *Kundenbindung* nicht vollkommen von den Begriffen *Kundenloyalität* und *Kundenbeziehungsmanagement* abgegrenzt werden kann. Während die Loyalität eine persönliche Beziehung zum Unternehmen darstellt, ist die Kundenbindung auch von Angeboten oder Leistungen abhängig.

Wenn sich aus Kundenzufriedenheit bzw. durch mehrfachen Wiederkauf eines Produktes eine positive Einstellung dem Anbieter gegenüber und daraus ein Verbundenheitsgefühl ergibt, dann kann man von Kundenloyalität sprechen.[12]

Mit der Verteidigungsbereitschaft und einem Weiterempfehlungsverhalten erreicht die Loyalität die höchste Entwicklungsstufe einer Kundenbeziehung.

[10] Vgl. Kenzelmann, P. (2005): Kundenbindung: Kunden begeistern und nachhaltig binden, 2. Aufl. – Berlin: Cornelsen, S. 20.

[11] Vgl. Kenzelmann, 2005, S. 23 f.

[12] Vgl. Meffert, H. (2000): Marketing: Grundlagen marktorientierter Unternehmensführung: Konzepte – Instrumente – Praxisbeispiele, 9. überarbeitete und erweiterte Aufl. – Wiesbaden: Gabler, S. 367.

Kundenbindungsmanagement, auch als CRM oder Customer Relationship Management bekannt, ist eine bereichsübergreifende, EDV-unterstützte Strategie, die auf den systematischen Aufbau und die Pflege der Kundenbeziehungen abzielt. Durch eine Analyse der bisherigen Aktivitäten des Kunden „erfährt das Unternehmen mehr darüber, wofür sich der Kunde in Zukunft interessieren könnte. Es unterbreitet ihm nur spezifische Angebote, die mit einer hohen Wahrscheinlichkeit auf Interesse stoßen und Kaufbereitschaft wecken."[13]

Zusammenfassend kann man sagen, dass die Kundenbindung ein komplexes Phänomen darstellt, das zufolge der Aktivitäten des Anbieters eine Zufriedenheit beim Kunden erzeugt, die ihrerseits in der Einstellung und im Verhalten des Kunden zum Ausdruck kommt.

1.4 *Online-Handel*

Allgemein wird unter Online-Handel der E-Commerce oder der Elektronische Handel verstanden. Sucht man in der Literatur nach einer einheitlichen Definition von elektronischem Handel, so stellt man fest, dass auch dort verschiedene Begriffsbestimmungen existieren, die sich thematisch überschneiden.

Der Ausschuss für Definition zu Handel und Distribution definiert den elektronischen Handel folgendermaßen.

„Unter elektronischem Handel (E-Commerce, Electronic Commerce) werden diejenigen Transaktionen auf einem Markt verstanden,

- *durch die der Austausch von wirtschaftlichen Gütern gegen Entgelt (z. B. Kauf, Miete, Pacht) begründet wird (Handel im funktionellen Sinne) und*
- *bei denen nicht nur das Angebot elektronisch offeriert, sondern auch die Bestellung bzw. die Inanspruchnahme elektronisch unter Verwendung eines computergestützten Netzwerks (insbesondere des Internets) erfolgt."*[14]

In Anlehnung an vorhandene Begriffe wird versucht, auch den Ausdruck *Online-Handel* zu definieren. Das Vokabel *Online-Handel* setzt sich aus *Online* und *Handel* zusammen.

Handel ist ein bereits definierter Begriff, der im allgemeinen Austausch von Gütern bedeutet. Im engen funktionellen Sinn kann man den Handel als Austausch oder Absatz

---

[13] Kotler, P. (2004): Philip Kotlers Marketing-Guide: die wichtigsten Ideen und Konzepte. – Frankfurt; New York: Campus, S. 26.

[14] Ausschuss für Definitionen zu Handel und Distribution, 2006, S. 16.

von beweglichen Sachgütern, die nicht wesentlich be- oder verarbeitet worden sind, sehen.[15]

Online bedeutet nichts anderes, als an das Internet oder ans Datennetz angeschlossen zu sein und bezeichnet somit die Wahl des Mediums. Daher kann man den Online-Handel als die Vermarktung und den Verkauf von Gütern gegen Entgelt, bei denen einzelne oder alle Transaktionsphasen über das Internet ablaufen, definieren.

Den elektronischen Handel kann man als eine Weiterentwicklung des Versandhandels, der immer noch mittels Postkarte, Telefon oder Fax stattfindet, sehen. Auch diese Formen des Handels sind mittlerweile durch das Internet erweitert worden.[16]

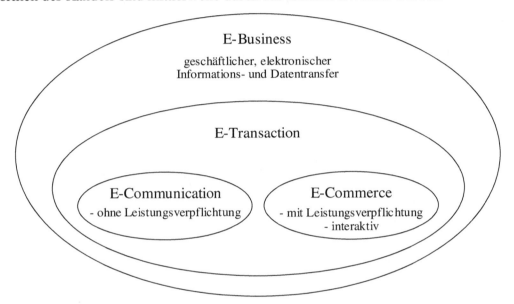

Abb. 5: E-Business[17]

Ein anderer Begriff, der in Zusammenhang mit dem Online-Handel immer wieder auftaucht, ist das Electronic Shopping, E-Shopping oder Online-Shopping. Hierbei handelt es sich nicht um einen neuen Bereich, sondern nur um einen Aspekt des Business-to-Consumer Bereichs, der die Transaktionen von Konsumgütern umfasst. Zusätzlich wird hier auch der elektronische Vertrieb über Kiosksysteme im stationären Handel mit eingeschlossen.[18]

---

[15] Vgl. Müller-Hagedorn, L. (1998): Der Handel. – Stuttgart; Berlin; Köln: Kohlhammer, S. 8.

[16] Vgl. Kramer, P.; Herrmann, M. (2005): Datenschutz und E-Commerce: eine Einführung in die wichtigsten rechtlichen Aspekte. – Berlin: Erich Schmidt, S. 13.

[17] Quelle: In Anlehnung an Kaapke, A.; Wilke, K. (2001): Neue Medien als strategische Herausforderung für kleinere und mittlere Unternehmen aus dem Handelssektor, in: Thexis, 18. Jg., 2001, Heft 1, St. Gallen, S. 48.

[18] Vgl. Ausschuss für Definitionen zu Handel und Distribution, 2006, S. 32.

Die Abwicklung der Transaktionen innerhalb des Unternehmens oder zwischen den Unternehmen bzw. den kooperierenden Systemen auf der Basis computergestützter Netzwerke oder des Internets wird vom elektronischen Handel ausgeschlossen. Diese Transaktionen werden im erweiterten Begriff von E-Business, Elektronischer Geschäftsverkehr oder Electronic Business umfasst.[19]

Der Online-Handel beschränkt sich auf Markttransaktionen und kann – wie in der Abbildung 5 dargestellt – als Teilbereich des E-Business aufgefasst werden.

1.4.1 Geschäftsformen

Anhand der beteiligten Institutionen im elektronischen Handel kann man verschiedene Geschäftsformen differenzieren.

Nachfrager

	Consumer	Business	Administration
Anbieter Consumer	**Consumer-to-Consumer** z. B. Internet-Anzeigen	**Consumer-to-Business** z. B. Jobbörse mit Stellensuche	**Consumer-to-Administration** z. B. Abwicklung von Einkommensteuer
Business	**Business-to-Consumer** z. B. Onlineshops	**Business-to-Business** z. B. Geschäfte zwischen Unternehmen und Zulieferern	**Business-to-Administration** z. B. Steuerabwicklung von Unternehmen
Administration	**Administration-to-Consumer** z. B. Abwicklung von Sozialleistungen	**Administration-to-Business** z. B. Einkauf öffentlicher Institutionen	**Administration-to-Administration** z. B. Transaktionen zwischen öffentlichen Institutionen

Tab. 1: Die Geschäftsformen des E-Commerce[20]

Hier werden einige Bereiche beschrieben, die für den E-Commerce von Bedeutung sind.

[19] Vgl. Ausschuss für Definitionen zu Handel und Distribution, 2006, S. 16.

[20] Quelle: In Anlehnung an Hermanns, A.; Sauter, M. (1999): Electronic Commerce – Grundlagen, Potentiale, Marktteilnehmer und Transaktionen, in: Hermanns, A.; Sauter, M. (Hrsg.): Management – Handbuch Electronic Commerce: Grundlagen, Strategien, Praxisbeispiele. – München: Vahlen, S. 23.

- Business-to-Business – steht allgemein für die Anbahnung und Durchführung von unternehmensübergreifenden Handelsaktionen, die überwiegend über das Internet abgewickelt werden. Das Anwendungsspektrum reicht von Bestellsystemen über Auftragsverfolgung, Lieferung, Bezahlung und Service bis hin zur Schaffung von elektronischen Märkten wie z. B. Wertpapierbörsen.

- Business-to-Consumer – steht für den Vertrieb von Waren und Dienstleistungen sowie für das Anbieten von Serviceleistungen an den Endkunden direkt über das Internet. Zu diesem Bereich gehören auch Informations- und Marketingsysteme, die sich direkt an den Endverbraucher richten.

- Consumer-to-Consumer – steht für den privaten Handel zwischen den Endverbrauchern, der z. B. durch elektronische Anzeigemärkte oder Online-Auktionen realisiert wird.

In der Folge werden der B2B und der C2C Bereich nicht weiter betrachtet. Hauptaugenmerk dieser Arbeit wird der B2C Bereich sein.

2 Elektronische Märkte

2.1 *Traditionelle und Elektronische Märkte*

Bis jetzt wurde der Online-Handel als Tauschgeschäft definiert. Das Ergebnis eines Tausches erzeugt Zufriedenheit, die den Kunden zu Folgekäufen beim gleichen Anbieter bewegt. Dieses Phänomen wurde als Kundenbindung definiert. Im Kontext fehlt nur ein geeigneter Markt, der besagten Austausch ermöglicht.

Ein Markt wird in der Literatur als der Ort des Tausches, an dem Angebot und Nachfrage aufeinander treffen, definiert, wodurch der Markt die Ausführung von Tauschprozessen zwischen den am Markt beteiligten Akteuren ermöglicht.[21]

Der Markt kann somit als Institution verstanden werden, die die Koordination von Tauschprozessen regelt. Darüber hinaus umfasst die Marktkoordination den Vertragsabschluss, sowie auch vorvertragliche Handlungen und nachvertragliche Aktivitäten der Akteure.[22]

Aus der Anbietersicht wird der Markt oft „als Menge der aktuellen und potentiellen Annehmer bestimmter Leistungen sowie der aktuellen und potentiellen Mitanbieter dieser Leistungen sowie den Beziehungen zwischen diesen Abnehmern und Mitanbietern"[23] bezeichnet.

Es handelt sich allerdings nur um ein theoretisches Konzept, das einige Abstraktionen der realen Situation – ohne Berücksichtigung der räumlichen Verteilung der Marktteilnehmer – darstellt.

Tatsächlich stellen Marktplätze eine historisch gewachsene Einrichtung dar, die durch die Verbreitung von Kommunikationsmitteln nicht mehr an einen bestimmten Platz oder an fixe Zeiten gebunden ist. Es handelt sich eher um vielseitige und beziehungsreiche Institutionen, die global agieren.

Elektronische Märkte sind als eine Weiterentwicklung der traditionellen Märkte zu sehen, bei denen sich ein Quantensprung in Richtung Ubiquität vollzogen hat. Daher ist der Handel mit Waren über das Internet genauso ein Markt wie jeder andere, der aber unter Einsatz des Internets auf die Verbesserung der Transaktionen bei geringeren Kosten abzielt. Die in der Theorie angenommene Ortlosigkeit des Marktes wird mit

---

[21] Vgl. Fritsch, M.; Wein, T.; Ewers, H.-J. (1993): Marktversagen und Wirtschaftspolitik. – München: Vahlen, S. 4.

[22] Vgl. Steyer, R. (1998): Ökonomische Analyse elektronischer Märkte, in: Lehrstuhl für Allg. BWL und Wirtschaftsinformatik, Johannes Gutenberg-Universität (Hrsg.): Arbeitspapiere WI, Nr. 1/1998, abrufbar im Internet, URL: http://geb.uni-giessen.de/geb/volltexte/2004/1674/, Stand: 03.01.2007. S. 3.

[23] Meffert, 2000, S. 36.

der durch Informations- und Kommunikationstechnologie eintretenden Auflösung des Raumes Realität.

Den elektronischen Markt könnte man folgendermaßen definieren: „Elektronische Märkte bilden […] eine ausgewählte institutionelle und technische Plattform für ‚Electronic Commerce', bei der der marktliche Koordinationsmechanismus das gemeinsame Merkmal darstellt."[24]

Traditionelle und elektronische Märkte haben die gleichen Anforderungen zu erfüllen. Sie sollen die Zusammenführung von Angebot und Nachfrage ermöglichen, sie sollen für eine steigende Transparenz der Akteure, Preise, Bestände und Konditionen sorgen und sie sollen die Transaktionen unterstützen.

Die Funktionen und Aufgaben elektronischer Märkte im Vergleich zu traditionellen Märkten könnte man wie folgt darstellen:

- *Substitution:* Ein elektronischer Markt kann einen traditionellen Markt komplett ersetzen, wie z. B. Online-Banking.

- *Ergänzung:* Hierbei können zusätzliche Dienste oder Funktionen angeboten werden, wie z. B. Online-Support.

- *Erzeugung:* Es können neue Anwendungsfelder oder neue Marktsegmente generiert werden, wie z. B. digitale Produkte.[25]

Die Transformation herkömmlicher Märkte in Richtung elektronische Märkte umfasst ein enormes Potenzial für neue Wertschöpfungsprozesse, die die einzelnen Transaktionsphasen unterstützen. Besonders in der Abwicklungsphase werden Finanz- und Transportdienstleistungen vermehrt in Anspruch genommen. Verschiedene Internet-Bezahldienste wie PayPal, Click& Buy oder Moneybookers sind neu entwickelt worden und haben sich mittlerweile etabliert. Auch Paket- und Transportdienste erweitern ihre Aufgabenbereiche und entwickeln neue Lösungen wie z. B. das Paketautomatensystem Packstation von DHL.

Man unterscheidet zwischen offenen und geschlossenen elektronischen Marktplätzen. Als geschlossen gelten Marktplätze, wenn sie nur bestimmten Anbietern und Nachfragern zur Verfügung stehen. Charakteristisch im B2C Bereich sind offene Marktplätze, das heißt, der Zugang steht jedem Nachfrager frei. Auch bei offenen Marktplätzen ist in der Regel eine Registrierung notwendig, um die gesamten Funktionen des Marktplatzes nutzen zu können.

Die Vielfältigkeit macht zwar eine verallgemeinernde Darstellung schwer, aber all diesen Märkten ist die Verwendung von Informations- und Kommunikationstechnologie

---

[24] Picot, A.; Reichwald, R.; Wigand, T. R. (2003): Die grenzenlose Unternehmung – Information, Organisation und Management, 5. aktualisierte und überarbeitete Aufl. – Wiesbaden: Gabler, S. 337.

[25] Vgl. Picot, u. a., 2003, S. 353 ff.

gemein. Dadurch wird der elektronische Markt ubiquitär, das heißt, Anbieter und Nachfrager können von jedem Ort aus über das Internet an einem Markt teilnehmen.

Durch die Digitalisierung der Informationen entsteht die Möglichkeit für computer-basierte Marktaktivitäten, mittels elektronischer Unterstützung der einzelnen oder aller Transaktionen den Absatzprozess zu beschleunigen bzw. zur Gänze elektronisch abzuwickeln. Die wichtigsten Unterschiede werden in der unten stehenden Tabelle dargestellt.

Herkömmlicher elektronischer Geschäftsverkehr	Elektronischer Geschäftsverkehr im Internet
nur zwischen Unternehmen	- zwischen Unternehmen und Verbrauchern - nur zwischen Unternehmen - zwischen Unternehmen und Behörden - nur zwischen Benutzern
geschlossene, häufig branchen-spezifische „Clubs"	offener Markt, globaler Maßstab
begrenzte Zahl beteiligter Unternehmen	unbegrenzte Zahl von Teilnehmern
geschlossene, firmeneigene Netze	offene, ungeschützte Netze
bekannte und verbundene Partner	bekannte und unbekannte Partner
Sicherheit durch Netzaufbau	Sicherheit und Authentifizierung erforderlich
Der Markt ist ein Club.	Das Netz ist der Markt.

Tab. 2: Geschlossene und offene Märkte[26]

Die Hauptausrichtungen der elektronischen Märkte werden auch in vertikale und horizontale Marktplätze unterschieden. Vertikale Marktplätze haben einen klaren Branchenbezug und sind häufig genau auf den Handel von Waren und Dienstleistungen für eine Branche ausgerichtet. Dagegen stehen horizontale Marktplätze, die ein branchenübergreifendes Publikum ansprechen, da sie Produkte, die in allen Unternehmen benötigt werden, anbieten.[27]

---

[26] Quelle: Europäische Kommission (1997): Europäische Initiative für den elektronischen Geschäftsverkehr, Mitteilung an das Europäische Parlament, den Rat, den Wirtschafts- und Sozialausschuß und den Ausschuß der Regionen, KOM(97)157, abrufbar im Internet, URL: ftp://ftp.cordis.europa.eu/pub/esprit/docs/ecomcomd.pdf, Stand: 20.10.2006, S. 9.

[27] Vgl. Migalk, F.; Rickes, R. (2005): Elektronische Marktplätze auswählen und nutzen: Handlungsempfehlungen zum Einsatz von eBusiness-Standards für kleinere und mittlere Unternehmen. –

Eine genaue Trennung zwischen den vertikalen und horizontalen Marktplätzen existiert nicht und ist für den B2C Bereich nicht von Bedeutung. In den Endverbrauchermärkten werden Produkte, deren Zubehör und die damit zusammenhängenden Dienstleistungen angeboten, die aber keine vertikalen Märkte darstellen.

Im Laufe dieser Arbeit werden besonders die Hauptformen des Online-Handels im B2C Bereich, d. h. Onlineshop und Online-Markt sowie der Multi-Channel-Vertrieb als die gängigsten Vertriebsoptionen näher analysiert.

2.2 Vertriebsformen im Internet

Elektronische Marktplätze existieren in vielen Formen, aber generell haben sie zurzeit noch wenig mit echten Marktplätzen zu tun. Aktuell erfüllen die elektronischen Marktplätze die Rolle eines Online-Vermittlers, der unterschiedliche Käufer und Verkäufer zusammenführt.

Je nach Anzahl der Anbieter spricht man entweder von Online-Marktplätzen bei mehreren selbständigen Anbietern, oder vom Onlineshop bei nur einem Anbieter.[28] Über die virtuellen Marktplätze existieren keine gut dokumentierten Quellen und Standards, da diese Formen des Online-Handels noch nicht ausgereift sind. Aus Erfahrungswerten kann man die Marktplätze in drei Kategorien unterteilen: Electronic Malls, Auktionsplattformen und Preisvergleichsportale.

Die Marktplätze können Waren und Dienstleistungen aus verschiedenen Branchen anbieten, die thematisch, regional oder nach Produktgruppen geordnet sind. Hierbei spricht man von virtuellen Einkaufszentren bzw. von Electronic Malls, die die Besucherfrequenz der einzelnen Onlineshops erhöhen, die aber auch einen Mehrwert durch gemeinsame Logistiklösungen bieten.

Die Preisbildung stellt ebenfalls ein Unterscheidungsmerkmal dar. Auktionshäuser, die auch eine Preisbildungsfunktion übernehmen, fallen in diese Kategorie.

Eine immer größere Bedeutung kommt Portalen zu, die einen Preisvergleich, eine Produktbeschreibung, einen Link zum Hersteller und unabhängige Kundenmeinungen über Anbieter und Waren erlauben.

In Zukunft werden auch weitere bisher unbekannte Formen des Vertriebskanals Internet entstehen, allein aufgrund der Verbreitung und Integration der Medien Internet, Mobiltelefon, digitales Fernsehen etc. In diesem Abschnitt werden die wichtigsten und verbreitetsten Umsetzungsformen ausgearbeitet.

Köln: DIV, abrufbar im Internet, URL: http://www.prozeus.de/veroeffentlichungen/prozeus_doc01936.htm, Stand: 03.01.2007, S. 8.

[28] Vgl. Ausschuss für Definitionen zu Handel und Distribution, 2006, S. 56.

2.2.1 Onlineshop

Ein Onlineshop ist ein virtueller Verkaufsraum eines Unternehmens im Internet, den man als eine Schnittstelle zwischen Kunden und Händlern bezeichnen kann.[29]

Vereinfacht versteht man unter Onlineshop die Webpräsenz eines Anbieters, bei der eine Warenkorbfunktion – um die Bestellung zu unterstützen – integriert ist. Es handelt sich grundsätzlich um softwarebasierte Shopsysteme, die zusätzliche Integrations-Möglichkeiten für Produktinformationen, Kundenkonten und Zahlungssysteme bieten.

Immer mehr Hersteller drängen mit eigenen Onlineshops, die Waren und Dienstleistungen direkt an Endkunden anbieten, auf den Markt. Da es sich hierbei um gleiche Kriterien handelt, werden auch diese Onlineshops genau wie alle anderen behandelt. Der Unterschied besteht allein darin, dass solche Shops nur ihre eigenen Herstellermarken anbieten.

Ein Onlineshop ist ein komplexes System, das bei jedem Klick eine Anzahl von Datenbankzugriffen erfordert. Die Komponenten eines Shopsystems lassen sich in Kernkomponente und in Erweiterungskomponente unterteilen. Die Kernkomponente könnte man folgendermaßen beschreiben:

- *Komponenten der Geschäftsabwicklung:* Eine Produktsuche gilt als unabdingbare Funktion eines guten Onlineshops. Die Suche muss nicht nur bediener-freundlich, sondern auch schnell und gezielt sein. Die Preisgestaltung inklusive Berechnung von Versandkosten ist ein wichtiger Aspekt im Online-Handel, damit der Kunde keine unliebsame Überraschung erlebt. Eine weitere Option dieser Komponente bietet sich durch die Statusabfrage der bestellten Ware mit einer Tracking & Tracing Möglichkeit an.

- *Gestaltungshilfen:* Für die Darstellung von Produkt- und Verwaltungsdaten werden verschiedene Funktionen benötigt. Dabei ist darauf zu achten, dass eine gelungene Balance zwischen gestalterischem Anspruch und Bedienerfreundlichkeit erreicht wird. Die Performance ist ein wichtiger Faktor hinsichtlich der Gestaltungselemente. Nach längerem Ladevorgang brechen viele potenzielle Käufer die Verbindung ab. Die Gestaltungsmöglichkeit darf auf keinen Fall die Freiheit des Anbieters einschränken. Ein Standard-Shop verliert sonst an Attraktivität und verhindert die individuelle Präsentation.

- *Datenbanken:* Eine Datenbank im Backend Bereich ist notwendig, um Produktinformationen effizient zugreif- und verwaltbar zu machen. Dort werden die Produktdaten kategorisiert und zusätzliche Informationen wie Links, Bilder oder Beschreibungen organisiert und ständig aktualisiert.

---

[29] Vgl. Mertz, M. (2002): E-Commerce und E-Business: Marktmodelle, Anwendungen und Technologien, 2. aktualisierte und erweiterte Aufl. – Heidelberg: Dpunkt, S. 393.

- *Warenkorb:* Der Warenkorb ist vergleichbar mit dem Einkaufswagen. Der Kunde nutzt den Warenkorb, um Produkte hineinzulegen und damit zur Kassa zu gehen. Die Existenz eines persönlichen Bereichs bietet die Möglichkeit, den Warenkorb zu verwalten und ein individuelles Standard Profil zu erstellen. Sie vermeidet somit ein wiederholtes Heraussuchen besonders von Verbrauchsgütern und beschleunigt den Einkaufsprozess.

- *Zahlungssysteme:* Ein guter Onlineshop bietet auch verschiedene Zahlungsmodalitäten. Bei Kreditkartenzahlung ist eine sichere SSL Übertragung sehr wichtig. Eine direkte Bonitätsprüfung ist technisch möglich und vorteilhaft, denn sie erspart Ärger im Nachhinein. Neue Systeme, wie z. B. Bezahlen mit dem Handy von Paybox, bieten sichere zusätzliche Alternativen.

- *Unterstützung von Warenwirtschaftssystemen:* Um die Bearbeitung der Bestellung zu beschleunigen, um Fehler zu vermeiden sowie um dem Kunden gewünschte Informationen über Lagerstand und Verfügbarkeit zu liefern, ist eine direkte Anbindung an ERP Warenwirtschaftssysteme notwendig.[30]

Ein Onlineshop setzt sich aus einer Reihe von Basismodulen zusammen, dabei bildet die Shop-Software den Kern dieser Architektur, da sie die Anlaufstelle für Kunden ist. Verschiedene unstrukturierte Inhalte wie Produktinformationen, Anbieterinformationen, redaktionelle Inhalte mit Unterhaltungs- und Informationscharakter sowie geschäftliche oder juristische Inhalte sind Teil des Shopsystems. Diese Inhalte werden mit den strukturierten Daten aus der Datenbank verbunden und können weiter mit Werbeelementen ergänzt und individualisiert werden. Das System kann zusätzlich durch Komponenten wie elektronische Kundenakten, elektronische Produktkataloge, Produktkonfiguratoren, Content-Managementsysteme und E-Mail-Marketing erweitert werden. Für die Realisierung dieser Shopsysteme stehen drei Möglichkeiten zur Verfügung:

- *Kaufen:* Fertige Shopsysteme, die es mittlerweile massenhaft am Markt gibt. Diese Systeme sind modular aufgebaut und können erweitert werden, wie z. B. Enfinity Suite 6 von Intershop. Es fallen dabei einmalige hohe Lizenzkosten, aber überschaubare Kosten im laufenden Betrieb an. Der Vorteil dabei ist der integrierte Support und meistens auch die Installation. Allerdings ist man bei Erweiterungen auf die teuren Module der Hersteller angewiesen. Außer Enfinity könnte man omeco, smartstore, OXID eshop oder Cosmoshop erwähnen.

- *Mieten:* Viele Internet-Provider bieten im Paket gleichzeitig mit Webspace auch ein Shopsystem an. Diese Lösung bietet im Vergleich zum Kauf einen kostengünstigen Einstieg in den E-Commerce. Das Problem bei diesen Shops ist, dass man nur eine beschränkte Anzahl an Templates zur Verfügung hat, und ohne Vorkenntnisse ist man auf den kostenpflichtigen Support angewiesen. Dadurch ist

---

[30] Vgl. Helmke, S.; Uebel, M. (2003): Online-Vertrieb: erfolgreiche Konzepte für die Praxis. – München; Wien: Hanser, S. 41 ff.

jedoch die Unabhängigkeit des Shop-Betreibers eingeschränkt, und langfristig gesehen kommt man mit einer Kauflösung insgesamt günstiger.

- *Entwickeln:* Hier muss man zwischen komplett neuer Entwicklung und Open-Source Anpassung unterscheiden. Der Händler kann aufgrund der Produktstruktur oder seiner besonderen Bedürfnisse auch sein eigenes Shopsystem entwickeln. Das ist zwar die teuerste, aber auch die individuellste Lösung. Als günstigere Variante bietet sich eine Open-Source-Lösung an. Der Vorteil liegt darin, dass es sich hierbei um lizenzfreie, kostenlose, aber dennoch leistungsstarke Software handelt. Hier kann man auf verschiedene vorhandene Templates, Schnittstellen und Module zugreifen, die ebenfalls kostengünstig oder als Open-Source zur Verfügung stehen. Nachteilig wirkt hierbei die Tatsache, dass verschiedene Lösungen zusammengeführt werden müssen, was ohne gute Fachkenntnisse nicht möglich ist. Mittlerweile bieten aber verschiedene Unternehmen diese Dienstleistung an, wodurch auch eine günstige und professionelle Alternative möglich wird. Als bekannte Open-Source Lösungen könnte man osCommerce und xt:Commerce erwähnen.[31]

Bei der Auswahl eines Shopsystems sind verschiedene Kriterien aus Unternehmens- und aus Kundensicht zu unterscheiden und zu prüfen. Aus Unternehmenssicht sind die Bereiche Eigenschaften, Funktionen, Integrationsfähigkeit, Kosten und Anbieterprofil zu unterscheiden. Die Erfüllung dieser Kriterien aus Unternehmenssicht dient insbesondere der Effizienzverbesserung.

Um einen hohen Umsatz zu erzielen, ist es aber aus der Kundensicht wichtig, dass sich der Kunde im Onlineshop gut zurechtfindet. Das bedeutet, dass eine sorgfältig geplante Strategie Grundvoraussetzung ist, denn mit einem Shopsystem allein hat man noch gar nichts erreicht.

Ein klassisches Beispiel für ein Shopsystem ist Enfinity Suite 6 von Intershop. Das System, das in der Abbildung 6 vorgestellt wird, ist in sechs Teilanwendungen – sogenannte Channels – gegliedert worden. Dadurch wird ein zentrales Management aller online Einkaufs- und Vertriebskanäle erreicht, das allerdings eine flexible und offene Architektur der E-Commerce-Software voraussetzt.

- *Content Channel:* Dadurch werden Produktinformationen in verschiedenen Online-Vertriebskanälen dynamisch aktualisiert und publiziert. Dahinter steckt ein voll integriertes Content Management System.

- *Consumer Channel:* Der Consumer Channel umfasst alle Werkzeuge für ein professionelles Katalog- und Bestellmanagement sowie kundenorientierte Dienste wie die Verwaltung von Rabatt- und Bonussystemen, Wunschlisten, Produktsuche, Produktinformationen und -vergleiche. Damit wird das Shopsystem zur Informationsquelle für Kunden.

---

[31] Vgl. Finke, N.; van Baal, S. (2006): Im Dschungel der Shopsystem-Lösungen, 10/2006, URL: http://www.ecc-handel.de/im_dschungel_der_shopsystem-loesungen.php, Stand: 11.11.2006.

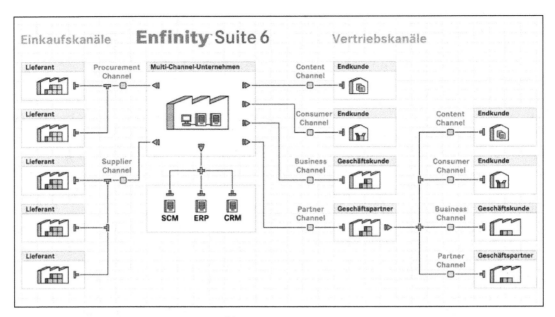

Abb. 6: Shopsystem Enfinity Suite 6[32]

- *Partner Channel:* Dadurch werden in das Shopsystem externe Partner mit eingebunden, die die Katalogdaten und Geschäftsprozesse nutzen können.

- *Business Channel:* Der B2C Bereich kann durch den Online-Handel mit Geschäftskunden erweitert werden. Mengenrabatte und Staffelungen können hier individuell auf den Businesspartner zugeschnitten werden.

- *Supplier Channel:* Der Aufbau flexibler und effizienter Lieferantennetzwerke für den E-Commerce wird dadurch ermöglicht. Medienbrüche werden somit vermieden, denn die Bestellungen werden automatisch an die Lieferanten weitergeleitet.

- *Procurement Channel:* Auch interne Beschaffungsprozesse können dadurch optimiert werden. Der Procurement Channel wird nahtlos in bereits vorhandene ERP- und Backoffice-Systeme integriert.[33]

Dieses System zeigt, wie komplex die Geschäftsbeziehungen im Internet aufgebaut sein können. In Zukunft werden höchstwahrscheinlich weitere ähnliche Shopsysteme auf den Markt strömen, da der Wettbewerb im Internet wächst, und da viele Händler auch die eigene Individualität wahren wollen.

Ein derartiges Shopsystem besteht aus mehreren Schichten, die für Kunden unsichtbar sind, denn die Wahrnehmung des Kunden beschränkt sich auf das Frontend bzw die

---

[32] Quelle: http://www.intershop.de/solutions/e-commerce_software, Stand: 10.11.2006.

[33] Vgl. Intershop: E-Commerce-Software, URL: http://www.intershop.de/solutions/e-commerce_software, Stand: 11.11.2006.

Website. Alles, was der Kunde auf dem Frontend sieht, beeinflusst maßgeblich seinen ersten Eindruck.

Wie könnte so ein Shopsystem in der Praxis aussehen? Hier soll ein Onlineshop am Beispiel von Cyberport.de, der mit omeco Software realisiert wurde, gezeigt werden.

Abb. 7: Startseite von Cyberport.de[34]

Auf der Startseite befinden sich Verweise zu verschiedenen Produktgruppen, eine Schnellsuche und eine Sitemap Funktion, diverse Topangebote, aktuelle Rabatte sowie juristische Angaben. Man kann zwischen den verschiedenen Produktkategorien wechseln und auch gezielt nach verschiedenen Produkteigenschaften suchen. Alles ist in einem unverwechselbaren Corporate Design dargestellt. Im unteren Bereich sind Links angebracht, die auf Partner, Bewertungsforen, einen Discountbereich und eine Kommunikationsplattform verweisen.

Jedes Produkt hat bei Cyberport.de eine eigene Datenblattseite mit allen wichtigen

---

[34] Quelle: http://www.cyberport.de, Stand: 10.11.2006.

Angaben wie Produktabbildung, Preis, Verfügbarkeit, technische Beschreibung und Zubehör. Mit steigender Informationstiefe werden die Such- und Sortiermöglichkeiten immer mehr verfeinert. Im herausgesuchten Beispiel in der Abbildung 8 sieht man auf der linken Seite verschiedene Attribute wie z. B. Displaygröße und Auflösung, im oberen Bereich besteht eine Sortiermöglichkeit nach Hersteller und Preis. Während die linke Seite je nach Informationstiefe abgestuft wird, bleiben die oberen Hauptkategorien unverändert und erlauben somit einen sofortigen Kategoriesprung. Alle verfügbaren Sortierfunktionen können miteinander kombiniert werden und gestatten deshalb eine sehr präzise Suche, wie sie in dieser Form selten vorkommt.

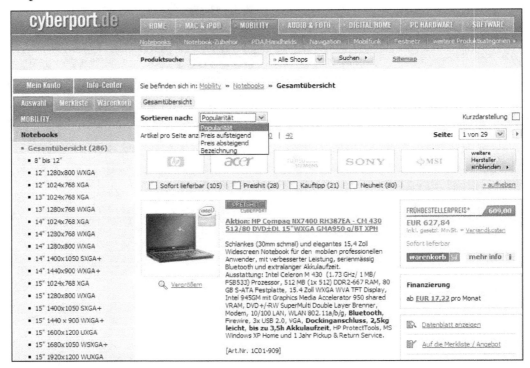

Abb. 8: Verschiedene Suchoptionen[35]

Hat man sein Produkt gefunden, kann man es dann wie in einem realen Supermarkt per Mausklick in den Warenkorb legen. Für den Fall, dass man das Produkt jetzt noch nicht kaufen möchte, steht eine Merkliste zur Verfügung. Sämtliche Artikel lassen sich jederzeit wieder aus dem Warenkorb entfernen.

Um zur Bestellung zu gelangen, klickt man auf „Bestellung abschließen". Der Kunde wird beim Bestellvorgang durch die erforderlichen Schritte des Bestellvorgangs geführt.

Beim Bestellprozess stehen verschiedene Versand- und Zahlungsarten zur Verfügung, die einzeln über einen Verweis auf Hilfe erläutert werden. Eine Navigationsleiste auf der linken Seite zeigt übersichtlich den Stand des Bestellvorgangs. Einkaufen ist

---

[35] Quelle: http://www.cyberport.de/default/1104/1002/0/0/gesamtuebersicht.html, Stand: 11.11.2006.

problemlos ohne Anmeldung möglich, aber man kann sich auch während der Bestellung anmelden. Eine „Schritt zurück" Funktion erlaubt dem Kunden, zu jedem Zeitpunkt vor dem Bestellabschluss zurückzugehen, um Eingaben zu korrigieren. Dieser Bestell-vorgang wird in der Abbildung 9 dargestellt.

Abb. 9: Warenkorb[36]

Wenn der Käufer Kunde geworden ist und ein Kundenkonto bei Cyberport.de ein-gerichtet hat, wird ihm das Einkaufen noch bequemer gemacht. Unter „Mein Konto" findet der Kunde sofort den Zugang und kann den Status der laufenden Bestellungen überprüfen, eigene Daten ändern, Newsletters bestellen oder abbestellen und Merklisten verwalten.

Zusammenfassend kann man sagen, dass die Onlineshop-Systeme bereits sehr ausgereift und dass der Integrationsaspekt und die Einbindung in Geschäftsprozesse vorhanden sind. Die Akzeptanz der Kunden ist hoch und steigt ständig.

Komplexe Shopsysteme wie z. B. Enfinity benötigen natürlich ein entsprechendes Know-how, das nicht immer vorhanden ist. Auch die Eingliederung in virtuelle Marktplätze gestaltet sich als schwierig.[37]

---

36 Quelle: http://www.cyberport.de/step1/2/0/0/step1.html?scriptMode=order, Stand: 11.11.2006.

2.2.2 Electronic Mall

Electronic Mall oder Elektronische Mall ist eine spezifische Form eines elektronischen Marktplatzes, bei der private Nachfrager rechtlich selbständigen Anbietern gegenüber stehen. Meistens werden damit einfache, von Städte- oder Einkaufsportalen gesammelte Links, die auf Onlineshops oder Unternehmen zeigen, bezeichnet.[38]

Abb. 10: E-Mall – Shopping24.de[39]

Die inhaltliche Administration erfolgt durch den Händler des jeweiligen Onlineshops, während die gemeinsame technische Administration und somit die Anbindung neuer Shops zu den Aufgaben des Betreibers gehört. Der Vorteil gegenüber einzelnen Onlineshops besteht darin, dass der Händler weniger Werbeaufwand treiben muss, um die Kunden auf seinen Shop hinzuweisen. Somit profitiert der einzelne Händler von der Öffentlichkeitsarbeit und Werbung des gesamten Marktes.[40]

---

[37] Vgl. Kahle, S. (2004): Virtuelle Marktplätze und E-Shops, Seminararbeit, Universität Koblenz-Landau, abrufbar im Internet, URL: http://www.uni-koblenz.de/~kgt/PM/SemA, Stand: 04.01.2007, S. 19.

[38] Vgl. Ausschuss für Definitionen zu Handel und Distribution, 2006, S. 56.

[39] Quelle: http://www.shopping24.de, Stand: 12.11.2006.

[40] Vgl. Eberhardt, I. (2003): Elektronische Marktplätze, E-Shops und E-Malls, Seminararbeit, Universität Karlsruhe, abrufbar im Internet, URL: http://www.ipd.uni-karlsruhe.de/~oosem/ISEC03/ausarbeitung, Stand: 04.01.2007, S. 11.

Durch verschiedene Mehrwertdienste wie eine gemeinsame Zugangsseite oder eine globale Suchfunktion werden die einzelnen Shops unterstützt. Andere Funktionalitäten werden von jedem Shop selbständig umgesetzt. Als Vertreter dieser Art von Electronic Mall kann man Shopping24.de erwähnen, wie in der Abbildung 10 dargestellt.

Über die einzelnen Logos, die auf der Startseite gut geordnet sind, gelangt man direkt in den jeweiligen Shop. Die Shops und die Produkte können nach verschiedenen Kategorien wie z. B. Technik, Reisen, Wohnen oder Schnäppchen herausgefiltert werden. Die obere Navigationsleiste bleibt auch bei den einzelnen Shops als gemeinsames Erkennungsmerkmal und für einen schnellen Zugriff bestehen.

In dieser Form der Märkte finden keine großen Kommunikationsaspekte statt, und die Ausprägung des elektronischen Marktes ist noch sehr bescheiden. Der Einkaufsprozess selbst ist mit dem im Onlineshop, der weiter oben beschrieben wurde, identisch. Im Endeffekt kauft man im jeweiligen Onlineshop ein.

2.2.3 Auktionshäuser und neue Märkte

Andere Wege gehen Auktionshäuser als virtuelle Marktplätze, denn sie bieten den einzelnen Händlern ihren eigenen Onlineshop. Der Online-Anbieter wird hierbei in seiner Freiheit stark eingeschränkt, denn diese Marktplätze erlauben nur teilweise kreative Gestaltung. Im B2C und C2C Bereich hat sich eBay.com weltweit durchgesetzt, denn der Start mit C2C-Auktionen, die Erweiterung um B2C-Angebote und Festpreisauktionen haben die Nutzerbasis rasant anwachsen lassen. Dazu tragen auch einige Qualitätskriterien bei, die Anbieter erfüllen müssen, um einen bestimmten Status zu erreichen. So z. B. gibt es „PowerSeller" Anbieter mit mindestens 100 Bewertungspunkten, von denen 98 Prozent positiv sein müssen. Zusätzlich müssen „PowerSeller" als „Geprüftes Mitglied" ihre Identität durch die Deutsche Post AG verifizieren lassen. Somit signalisieren diese Anbieter ihre hohe Vertrauenswürdigkeit.[41]

Ebenso ist eine umfangreiche Suche nach Anbietern, Produkten, Preisen und weiteren Eigenschaften integriert. Das eigene Zahlungssystem PayPal oder der Treuhandservice sind zusätzliche Features, die Elektronic Malls nicht bieten.

Das Zusammenlegen branchenübergreifender Angebote ermöglicht die Suche und den Einkauf von Produkten, die nicht üblich für den Online-Handel sind. So können z. B. bei eBay auch Pflanzen und Sträucher für den Garten bestellt werden.

Diese ersten Ansätze des realen Marktes werden ständig erweitert. Sogar richtige Marktplätze mit einem gemeinsamen Warenkorb und gemeinsamer Bezahlung wie z. B. eBay Express sind entstanden. eBay Express bietet nur Waren mit Festpreis und zum

---

[41] Siehe: eBay, http://pages.ebay.de/help/policies/powerseller_user-agreement.html, Stand: 13.01.2007.

sofortigen Kauf an. Die Bezahlung wird über eine zentrale Kasse abgewickelt, und ein Käuferschutz wird vom Marktplatz übernommen.

Ein anderer Online-Marktplatz, der ein ähnliches Profil wie eBay Express aufweist, ist die Scout24 Gruppe. Diese Systeme arbeiten nach dem gleichen Prinzip, denn der Marktplatz bietet einen gemeinsamen Warenkorb an und übernimmt die Bezahlung sowie die Überprüfung der Anbieter. Der Unterschied beider Marktplätze liegt in der Struktur. Während eBay Express einen einzigen Marktplatz anbietet, ist Scout24 in sieben spezifische Branchen-Marktplätze, AutoScout24, ElectronicScout24, Finance-Scout24, FriendScout24, ImmobilienScout24, JobScout24 und TravelScout24 unterteilt.

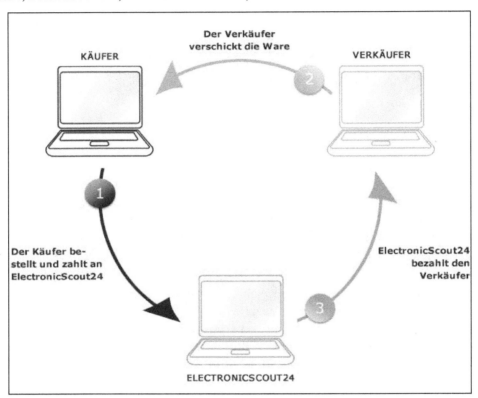

Abb. 11: Drei Schritte von ElectronicScout24.de[42]

Ein großer Vorteil für den Anbieter besteht in der Bekanntheit des Marktplatzes, des vorhandenen Onlineshops sowie der zusätzlichen Features, die die Bestellabwicklung automatisieren. Besonders kleine Händler sehen die beste Lösung in der Anbindung an Einkaufsportale und an eBay, um Kunden zu erreichen. Allerdings sind hierbei die hohen Gebühren, die auch den größten Nachteil darstellen, zu berücksichtigen.

---

[42] Quelle:
http://www.electronicscout24.de/hilfe.do?helpPagePath=65509%3Aa_1_2_vorteile%3A%2F&
helpPageHistory, Stand: 12.11.2006.

Für Kunden entsteht eine hohe Markttransparenz und Preisbildungsfunktion wie z. B. bei eBay. Die einheitliche Shopgestaltung und -funktionalität erlauben es dem Kunden, sich schnell und ohne große Mühe in verschiedenen Shops zurechtzufinden. Die beiden angeführten Beispiele sind die wenigen Vertreter im B2C Bereich, die versuchen, durch Zusammenlegung von Einkauf und Logistik sowie durch Informationsaustausch und durch Bewertung von Produkten und Händlern, dem Kunden Ärger und Zeit zu ersparen. Online-Märkte in dieser Form haben sich noch nicht durchgesetzt, weil auch keine nahtlose Einbindung der Onlineshops in diese Marktplätze existiert und daher das Sortiment doppelt aktualisiert werden muss. Ebenso vermindert die Versandlösung die Akzeptanz, denn in diesen Märkten werden z. B. Versandkosten trotz gemeinsamen Warenkorbs separat für jeden Anbieter verrechnet und dazu addiert.

Die Logistikprobleme stellen außerdem für ein internationales Auftreten ein Problem dar, denn eBay Express und ElectronicScout24 agieren nur in Deutschland. Andere große Online-Anbieter gehen einen ähnlichen Weg, wie z. B Amazon.de mit Marketplace und zShops.

2.2.4 Preisvergleichsportale

Preisvergleichsportale als Online-Marktplätze bieten keine eigenen Onlineshops an, aber bei ihnen ist die Kommunikation zwischen dem Marktplatz, den einzelnen Shops und den Kunden sehr wichtig. Die Preise und Produkte werden meistens täglich auf XML Basis aktualisiert. Außerdem besitzen diese Portale oft eine Kommunikationsplattform, in der der Kunde sowohl Produkte als auch Händler bewerten kann. Bekannte Portale wie Geizhals.at, Guenstiger.de oder Preisvergleich.de, haben sich mittlerweile besonders in der Unterhaltungselektronik und im Computerbereich etabliert und sind erste Anlaufstellen für Interessenten geworden.

Eine der größten Plattformen im deutschen Sprachraum ist Geizhals.at, die im Jahr 1996 ursprünglich mit Computer-Hardware startete, inzwischen aber das Angebot auf andere Bereiche wie z. B. Unterhaltungselektronik, Haushaltswaren oder Videospiele ausgeweitet hat.

Das Angebot hierbei zeichnet als eine Suchmaschine, die nicht nur die Preise einer Produktgruppe vergleicht, sondern auch die technischen Details und direkten Links zum Hersteller anbietet. Ähnlich wie bei eBay oder Scout24 erhalten Kunden eine Bewertung in Form einer Schulnote, die dann in der Hauptübersicht dargestellt wird. Auch hier melden sich die Händler an, die mit einfachen Text-Exportformaten wie z. B. CSV, HTML oder XML ihre Daten aktualisieren.

Die Eintragung ins Handelsregister der einzelnen Onlineshops wird vom Plattform-Betreiber überprüft, bietet aber keinen Schutz für Käufer. Besonders interessant sind diese Plattformen für eher kleine Händler, die über Suchmaschinen nicht gefunden werden und kostengünstig bekannt werden wollen. Immerhin verzeichnet die Webseite über 1,67 Millionen Unique Clients pro Monat. Die Abrechnung erfolgt nach dem Pay-per-Click-Modell, das heißt, der Händler bezahlt nur für die tatsächliche Userfrequenz, die er durch die Plattform bekommt.[43]

Aus Kundensicht entsteht in diesen Produktkategorien eine erhöhte Markttransparenz, die aber manchmal unter der Preisgestaltung einzelner Händler leidet. So werden oft Preise nur um wenige Cent gesenkt, oder es wird nicht verfügbare Ware günstig angeboten, nur um ganz oben in der Liste zu stehen. Versandkosten und andere versteckte Kosten sind für Kunden nicht sofort ersichtlich.

Preisvergleichssportale, die ein Branchenverzeichnis beinhalten und daher zu Marktplätzen gehören, sind Unternehmen, die hauptsächlich von der Werbung leben. Sie dienen im Endeffekt nur dazu, gleiche Produkte bei verschiedenen Händlern preis- und servicemäßig zu vergleichen. Genauso wie im Onlineshop oder in der E-Mall ist der Bestellvorgang gleich, und die Anbieter wahren ihre Selbständigkeit.

2.3 Technische Voraussetzungen und Perspektiven

Die Basis der Infrastruktur der elektronischen Märkte ist – vereinfacht – das Internet. Anbieter und Nachfrager, die auf dem Markt agieren, sind über das Internet miteinander verbunden. Daher spielen auch die Entwicklung und die Verbreitung der Informations- und Kommunikationstechnologie besonders im Business-to-Consumer Bereich eine wichtige Rolle. Das Internet stellt die Rahmenbedingungen dar, die einen wesentlichen Einfluss auf die Marktstrukturen haben.

Die Marktstruktur wird durch verschiedene Kriterien wie Zahl der Marktteilnehmer, Markttransparenz, Marktzutrittsschranken, Verhalten der Marktpartner oder auch durch güterbezogene Merkmale differenziert. Die Veränderungen in der Marktstruktur erfordern ein bestimmtes Marktverhalten, das sich in Preisen, Mengen oder Konditionen widerspiegelt und in der Folge das Marktergebnis beeinflusst. Alle diese Marktgrößen stehen in Wechselwirkung zueinander.[44]

In einem offenen Markt wird auch die Zahl der Nachfrager weiter steigen, da die regionale Verbundenheit schwindet und die Basistechnologie weit verbreitet ist. Computer, Internetzugänge und andere Kommunikationsmittel, die als Basis für die Informations- und Wissensgesellschaft dienen, dringen allmählich vor.

Mehr als eine Milliarde Menschen nutzt mittlerweile das Internet. Jeder Fünfte davon

---

[43] Vgl. Geizhals.at: Basisinformationen, URL: http://unternehmen.geizhals.at/presse/basisinfo.html, Stand: 11.11.2006.

[44] Vgl. FinanzXL: Marktstrukturen, Marktverhalten, Marktergebnisse, URL: http://www.finanzxl.de//lexikon /Marktstrukturen_Marktverhalten_Marktergebnisse.html, Stand: 20.10.2006.

verfügt über einen Breitbandanschluss, der eine schnellere Übertragung großer Informationsmengen ermöglicht. Der Ausbau der breitbandigen Anschlüsse bildet eine wichtige Voraussetzung für den Online-Handel. In Deutschland ist über 60 Prozent der Bevölkerung online.[45]

Besonders wichtig ist aber, dass mit steigender Anzahl der Breitbandanschlüsse die Qualität des Internetzugangs steigt. Der private Internetnutzer surft heute etwa 650 Mal schneller durch das Internet als im Jahr 1995. Aktuell spricht man von 33 Prozent breitbandigen Anschlüssen.

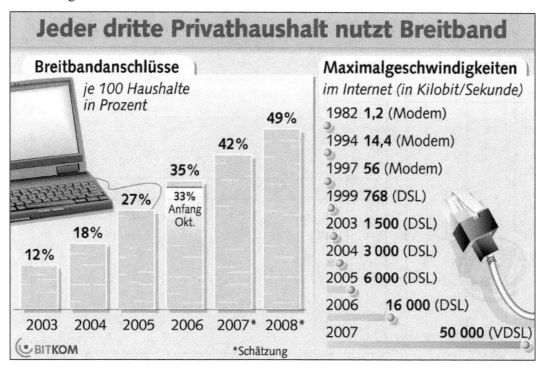

Abb. 12: Breitbandanschlüsse in Deutschland[46]

Diese Nutzer stellen ein steigendes Potenzial für den Business-to-Consumer Bereich, denn sie sind kostengünstiger und länger online, sie nutzen vermehrt Internetdienste und nehmen intensiver E-Commerce-Angebote wahr.

Wenn man die Breitbandanschlüsse im engeren Sinn betrachtet und sich auf die Online-Käufer konzentriert, dann nutzen besagte Marktteilnehmer sogar überwiegend einen Breitbandanschluss.

Die dieser Arbeit zugrunde liegende Studie ergab einen Anteil der Breitbandanschlüsse

---

[45] Vgl. BITKOM (Hrsg.) (2006a): Daten zur Informationsgesellschaft: Status quo und Perspektiven Deutschlands im internationalen Vergleich. – Berlin, abrufbar im Internet, URL: http://www.bitkom.org/de/publikationen/38338.aspx, Stand: 20.10.2006, S. 7.

[46] Quelle: http://www.bitkom.de/de/presse/8477_42098.aspx, Stand: 20.10.2006.

von über 90 Prozent im deutschsprachigen Raum, wie der Abbildung 13 zu entnehmen ist.

Hierfür wurden Internetnutzer in Deutschland, Österreich und der Schweiz befragt. Grund für diesen Anstieg sind auch die sinkenden Verbindungspreise.

Auch andere Technologien, die die mobile Internetnutzung ermöglichen, sind inzwischen keine Seltenheit mehr. Die Zahl der WLAN-Hotspots ist von 1 pro 100.000 Einwohner im Jahr 2003 auf 10 im Jahr 2006 gestiegen. Großbritannien ist mit 21 Hotspots pro 100.000 Einwohner führend.[47]

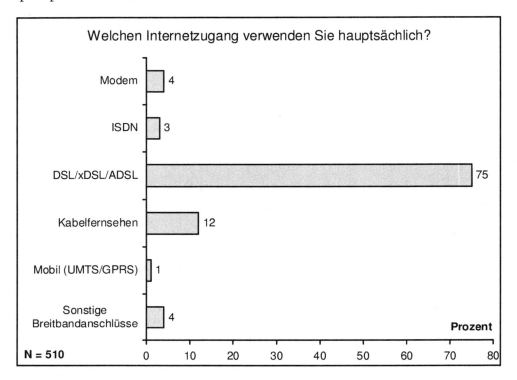

Abb. 13: Internetzugang der Online-Käufer[48]

Ebenso vermehrt werden mobile Datendienste über UMTS angeboten. Dieser neue Mobilfunkstandard ermöglicht eine schnelle Datenübertragung für Handys und Notebooks. Die Zahl der weltweiten Nutzer hat sich im Jahr 2005 mit 47 Millionen innerhalb eines Jahres fast verdreifacht, und für das Jahr 2006 wird ein Anstieg auf weltweit 110 Millionen erwartet. Auch in Deutschland hat sich die Zahl der UMTS-Nutzer von 250.000 Anfang 2005 auf 2,3 Millionen Ende 2005 fast verzehnfacht, für Ende 2006 wird diese Zahl auf 9 Millionen geschätzt.[49]

---

[47] Vgl. BITKOM, 2006a, S. 10.

[48] Quelle: Eigene Umfrage, 2006.

[49] Vgl. BITKOM, 2006a, S. 11.

Damit zusammenhängend spielt auch die PC-Ausstattung der Haushalte eine wichtige Rolle. Im Jahr 2005 hatten 67 Prozent der privaten Haushalte in Deutschland einen Personal Computer.[50]

Im internationalen Vergleich liegen die USA mit 84 PCs je 100 Einwohner weit vorne, gefolgt von skandinavischen Ländern mit über 60 PCs pro 100 Einwohner. Deutschland liegt im Vergleich dazu mit 43 Geräten für das Jahr 2005 im Mittelfeld. Weltweit spricht man von 880 Millionen PCs.[51]

Diese Zahlen deuten an, dass die benötigte Basistechnologie ein breites Ausmaß erreicht hat und weiterhin steigen wird.

Auch das Kaufen und Bestellen von Waren und Dienstleistungen über das Internet haben deutlich zugenommen. Der Online-Handel mit Privatkunden ist in Deutschland im Jahr 2005 im Vergleich zum Vorjahr um 43 Prozent oder auf 32 Milliarden Euro gestiegen. Marktforscher schätzen den Online-Umsatz des Privatkundengeschäfts für das Jahr 2009 auf bis zu 114 Milliarden Euro.[52]

Für das Jahr 2006 wurden 40 Milliarden Euro Umsatz prognostiziert, die ein Plus von 25 Prozent im Vergleich zu 2005 bedeuten.[53]

Die steigende Bedeutung des Privatkundengeschäfts wird dementsprechend noch weitere Unternehmen in den Online-Handel ziehen. Heute sind bereits 94 Prozent der Unternehmen in Deutschland an das Internet angeschlossen. In der EU-15 liegt der Anteil der Internetnutzung von Unternehmen bei 92 Prozent, wobei sich die Breitbandzugänge ausweiten.[54] Durch den vorhandenen Internetanschluss und die verschiedenen Logistiklösungen wie z. B. RFID spielen die räumlichen Entfernungen keine Rolle mehr für Geschäftsabwicklung und Distribution.

Mit dem technischen Fortschritt wird die Informations- und Kommunikations-Technologie für jedermann leistbar. Die neuzeitliche Trinität von Kommunikation, Flexibilität und Mobilität ist ein Konsumtreiber ersten Ranges.

[50] Vgl. Statistisches Bundesamt – Pressestelle (Hrsg.) (2006): Informations-Technologie in Unternehmen und Haushalten 2005. – Wiesbaden: Statistisches Bundesamt, abrufbar im Internet, URL: http://www.destatis.de /informationsgesellschaft/d_home.htm, Stand: 04.01.2007, S. 45.

[51] Vgl. BITKOM, 2006a, S. 4.

[52] Vgl. BITKOM, 2006a, S. 14.

[53] Vgl. BITKOM (2006c): MP3-Player und Digitalkameras sind Top-Geschenke 2006, 14.12.2006, URL: http:// www.bitkom.org/de/presse/8477_43142.aspx, Stand: 25.12.2006.

[54] Vgl. Statistisches Bundesamt – Pressestelle, 2006, S. 19.

2.4 Für elektronische Märkte besonders geeignete Produkte

Obwohl die angebotene Produktpalette im Online-Handel sehr breit ist, gibt es einige Produktmerkmale, die verschiedene Produktgruppen als besonders geeignet für den E-Commerce erscheinen lassen. Diese Merkmale kann man nach *Meffert* in sechs Gruppen einteilen, die aber nicht überschneidungsfrei sind.

- *Digitalisierbarkeit:* Damit wird das Ausmaß bezeichnet, in dem sich ein Produkt in eine digitale Form umwandeln und über das Internet übertragen lässt. Solche Produkte können Software, Musik, Bücher, Tickets oder Finanzdienstleistungen sein.

- *Geringe Komplexität:* Hier ist die Anzahl der Merkmale, die für die Kaufentscheidung von Bedeutung sind, relevant. Mit steigender Komplexität wird die Vergleichbarkeit immer schwieriger. Z. B. lassen sich individuelle Regalsysteme schwer über das Internet vermarkten.

- *Geringer Beratungsbedarf:* Der Beratungsbedarf bestimmt auch die Autonomie des Käufers. Der Kunde ist in der Lage, ein Produkt selbstständig zu vergleichen und zu beurteilen. Einfach beschreibbare Produkte sind hier im Vorteil.

- *Schaffung eines Mehrwertes für den Kunden:* Wenn ein Produkt im stationären Handel zur Verfügung steht, dann wird es nur dann über das Internet gekauft, wenn ein Mehrwert erkennbar ist. Neben den Vorteilen der Lieferung ins Haus oder der Bestellmöglichkeit rund um die Uhr wird grundsätzlich auch ein günstigerer Preis als im stationären Handel erwartet.

- *Die Möglichkeiten der Senkung von Transaktionskosten:* Die Anbieter können durch das Internet eigene direkte Absatzwege entwickeln. Nachfrager können verschiedene Angebote vergleichen, auf ein breites Sortiment zurückgreifen oder die Verfügbarkeit überprüfen. Je besser diese Möglichkeiten durch das Internet ausgeschöpft werden können, desto eher sind diese Produkte für den Online-Handel geeignet.

- *Ständige Aktualität und Verfügbarkeit:* Bei manchen Gütern, wie z. b. Aktien ist die ständige Aktualität und Verfügbarkeit von großer Bedeutung. Dafür bietet sich das Internet als ideales Medium an.[55]

In Business-to-Consumer Bereich sind Bücher, Computer-Hardware, Elektronikartikel, Tickets und Kleidung die meistverkauften Produkte. Die dieser Arbeit zugrunde liegende Umfrage aus der Abbildung 14 untermauert den vorherrschenden Trend.

Mit 83 Prozent sind Bücher die meistverkauften Artikel über das Internet, gefolgt von Computer-Hardware mit 75 Prozent. Auch Elektronikartikel mit 60 Prozent und Tickets mit 49 Prozent gelten als besonders gut geeignet für den Online-Handel. Z. B. sind

---

[55] Vgl. Meffert, 2000, S. 920.

Computer-Hardware und Elektronikartikel durch technische Angaben gut beschreib- und vergleichbar.

Da der versierte Kunde nach bestimmten Eigenschaften, die in den technischen Daten angegeben werden, sucht, bringt ihm eine Beratung vor Ort keine wesentlichen Mehrerkenntnisse, als er ohnehin bereits von der Homepage des Herstellers kennt.

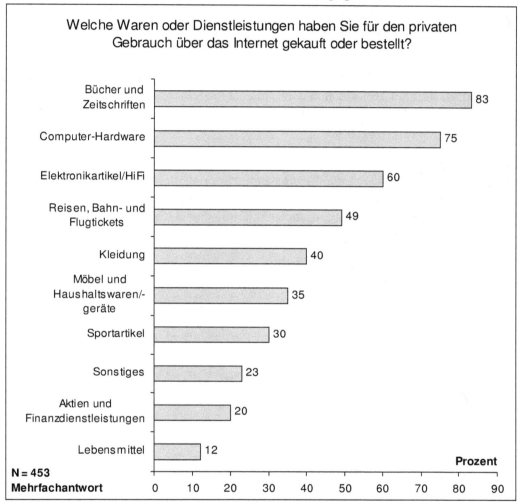

Abb. 14: Warengruppen im Online-Handel[56]

Man spricht hier von Convenience Produkten, die nicht nur einfach beschreibbar, testbar und informationsbasiert sind, sondern die diese Bequemlichkeit während der Bestellung und Logistik weiterführen. Solche Güter sind einfach transportierbar und

---

[56] Quelle: Eigene Umfrage, 2006.

besitzen eine hohe Wiederholkaufrate.[57]

Bücher führen nicht nur in dieser, sondern in jeder Umfrage, was vor allem daran liegt, dass sie mehrere Merkmale gleichzeitig aufweisen. Digitalisierbarkeit ist in Form von E-Books gegeben, der Beratungsbedarf ist gering bzw. durch Digitalisierung und neue Techniken – wie Amazon's *Search Inside* – gut substituierbar. Die Möglichkeiten der Senkung von Transaktionskosten sind hoch. Unter anderem kann man auch die sehr gute Versandfähigkeit oder die Verfügbarkeit, die oft im Buchladen gar nicht gegeben sind, erwähnen.

Andere Produkte wie Lebensmittel sind von der Beschaffenheit her nur eingeschränkt für den Online-Handel geeignet und daher mit 12 Prozent Schlusslicht der Umfrage. Die Nichteignung der Produkte für den Verkauf über das Internet ist der Hauptgrund für das eingeschränkte Online-Angebot.

Zusammenfassend kann man sagen, dass nicht jedes Produkt für den elektronischen Vertrieb gut geeignet ist. Standardisierte, einfache, risikolose, gut transportierbare und informationsbasierte Produkte stellen für den Online-Handel ein Wachstumspotenzial dar, während schwer beschreibbare, stark erklärungsbedürftige oder komplexe Produkte diese Anforderungen zurzeit nicht erfüllen.

Die Entwicklung neuer Techniken eröffnet allerdings neue Möglichkeiten für den Vertrieb solcher Produkte durch das Internet. Virtuelle Assistenten oder Avatare übernehmen die Rolle des Beraters. Mit 3D-Visualisierungen und online Produktkonfiguratoren versucht man die Komplexität der Produkte zu reduzieren und sie so realitätsnah wie möglich darzustellen. Plastisch dargestellte Produkte, die in alle Richtungen gedreht und beliebig vergrößert werden können, sind im Web bereits vorhanden und bei Kunden sehr beliebt. 3D-Scans sowie verschiedene Technologien zur Darstellung der virtuellen Realität wie Apple Quicktime oder Adobe Flash werden hier eingesetzt.

Nachteilig ist die Tatsache, dass noch keine Standards existieren. Viele dieser Lösungen erfordern vom Kunden zuerst die jeweilige Installation der Laufzeitumgebung in Form von Plug-ins, um überhaupt derartige Darstellungen zu ermöglichen.

---

[57] Vgl. Ott, J. H.: Kriterien für Produkte, die über Online-Shops ideal vermarktbar sind, URL: http://www.kecos.de /script/script_create.php?a_tree=tree&line_nr_sel=144&level_sel=4, Stand: 04.01.2007.

3 Theoretische Ansätze der Kundenbindung

3.1 *Die Kundenzufriedenheit als bestimmender Faktor*

Die zentrale Frage, die sich im Zusammenhang mit der Kundenbindung stellt, lautet: Warum kommen die Kunden wieder? Die Antwort ist wichtig, besonders wenn es um Maßnahmen geht, die das Kundenverhalten beeinflussen können, wobei die Kundenzufriedenheit eine besondere Rolle spielt. Der Wechsel vom traditionellen Transaktionsmarketing zum Beziehungsmarketing hat die Kundenzufriedenheit in den Mittelpunkt gerückt.

Zufriedenheit wird als ein Vergleichsprozess zwischen den Erwartungen und den wahrgenommenen Leistungen gesehen. Inwieweit sind die Anforderungen erfüllt worden, oder welche Erfahrungen hat man dabei gemacht?[58]

Die Kundenzufriedenheit gilt als eine subjektive Wahrnehmung, die je nach Anforderungen von Kunde zu Kunde verschieden sein kann. Hierbei werden Emotionen hervorgerufen, die einerseits spontanes Verhalten auslösen können und andererseits auch die Einstellung beeinflussen. Man könnte die Zufriedenheit auch als einen Soll-Ist-Vergleich darstellen.

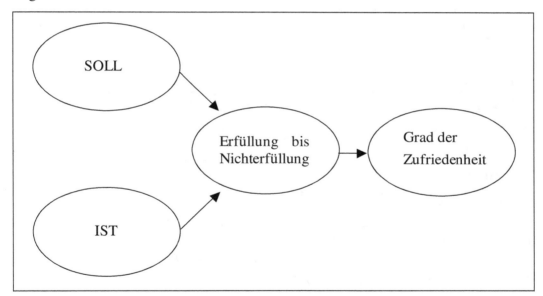

Abb. 15: Die Entstehung der Zufriedenheit[59]

Wenn der Ist-Zustand dem Soll-Zustand gleicht, dann ist der Kunde zufrieden.

---

[58] Vgl. Kenzelmann, 2005, S. 30.

[59] Quelle: In Anlehnung an Kenzelmann, 2005, S. 31.

Die Kundenzufriedenheit bildet somit die Basis für die Entstehung der Kundenbindung. Zufriedenheit wirkt sich auf das Einkaufsverhalten der Kunden aus, indem die Kunden mehr Geld pro Einkauf ausgeben, mehr Leistungen nutzen, weniger preissensibel reagieren oder – ganz wichtig – weniger über einen Anbieterwechsel nachdenken.[60]

Die Zufriedenheit beeinflusst die Kundenbindung aber nicht linear. Mit zunehmender Kundenzufriedenheit wird die Kundenbindung nicht automatisch immer stärker, bzw. nicht alle Anforderungen beeinflussen gleichermaßen die Kundenbindung. Man spricht hier von einer „Indifferenzphase", weil der Kunde indifferent gegenüber der steigenden Zufriedenheit reagiert.

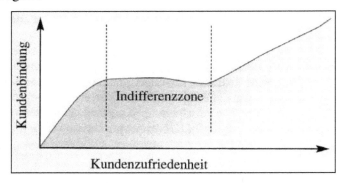

Abb. 16: Zusammenhang zwischen Kundenzufriedenheit und Kundenbindung[61]

Zur Erklärung dieser Phase existieren verschiedene Ansätze. Einer der wichtigsten ist der des japanischen Wissenschaftlers *Noriako Kano*, denn er unterscheidet in seinem Modell – sogenannte Kano-Analyse – drei Arten von Anforderungen:

- *Basisanforderungen*, die als selbstverständlich gelten und zu 100 Prozent erfüllt sein müssen, um Unzufriedenheit zu vermeiden. Hierbei wird die Zufriedenheit gar nicht beeinflusst, sondern es wird nur der Status „Nicht-Unzufrieden" erreicht. Ein Beispiel für eine Basisanforderung wäre das Vorhandensein einer Bedienungsanleitung.

- *Leistungsanforderungen*, die vom Kunden ausdrücklich verlangt werden, sind Zufriedenheitstreiber. Dabei steigt die Zufriedenheit mit dem Erfüllungsgrad. Als Beispiel könnte man den Lieferservice erwähnen.

- *Begeisterungsanforderungen*, die vom Kunden gar nicht erwartet wurden und die daher auch keinen Einfluss auf die Unzufriedenheit haben, deren Erfüllung aber den Kunden positiv überrascht, sorgen für Begeisterung. Hierbei wird die Kundenzufriedenheit überproportional positiv beeinflusst. Als Beispiel könnte man eine unerwartete Kulanzlösung erwähnen.[62]

---

[60] Vgl. Müller-Hagedorn, L. (1999): Kundenbindung mit System, in: Müller-Hagedorn, L.(Hrsg.): Kundenbindung im Handel. – Frankfurt: Deutscher Fachverlag, S. 33.

[61] Quelle: Kenzelmann, 2005, S. 34.

[62] Vgl. Müller-Hagedorn, 1999, S. 37.

Aus all dem resultiert, dass die tatsächlich vom Kunden wahrgenommenen Leistungen komplex und nicht global definierbar sind. Sie werden durch Faktoren wie Preis, Qualität oder Service beeinflusst, aber auch durch die subjektive Empfindung. Daher sollte ein Unternehmen die Kundenerwartungen übertreffen und Kunden nicht nur zufriedenstellen, sondern begeistern.

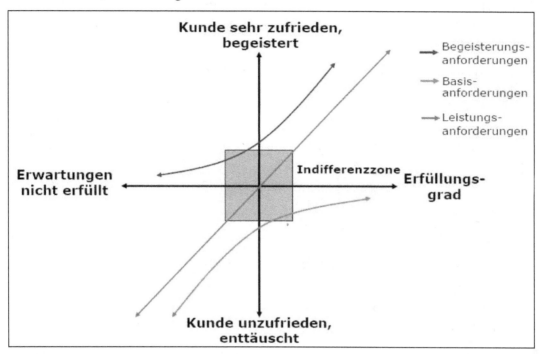

Abb. 17: Kundenanforderungen nach Kano[63]

Die Problematik dabei ist, dass die Begeisterungsfaktoren nur von kurzer Dauer sind. Der Kunde gewöhnt sich daran und möchte diese Anforderungen nicht mehr missen. Daher werden die Begeisterungsfaktoren früher oder später zu Basisanforderungen. Für Unternehmen bedeutet das, dass dieser Prozess stets ein unabgeschlossener Entwicklungsprozess sein wird. Besonders im Online-Handel sind die Kunden mit einem Klick flüchtig.

Die Kano-Analyse stellt ein Verfahren dar, um Kundenanforderungen zu strukturieren und deren Einfluss auf die Kundenzufriedenheit abzuschätzen. Man kann für jede Produkteigenschaft oder Serviceleistung Fragen formulieren, um das Empfinden der Kunden abzufragen und auszuwerten. Damit erhält man die Möglichkeit, auf Anforderungen besser reagieren zu können, um Wettbewerbsvorteile zu schaffen.

Die Kundenzufriedenheit kann entweder durch die Steigerung der erbrachten Leistung oder durch die Abschwächung der vorhandenen Erwartungen erhöht werden. Wenn die Erwartungen zu hoch geschraubt und als Basisanforderungen verstanden werden, kann

[63] Quelle: http://www.4managers.de/fileadmin/4managers/folien/kanoanalyse_01.pdf, Stand: 30.10.2006.

das schnell zur Unzufriedenheit führen. Andererseits sind niedrige Erwartungen mit dem Risiko verbunden, dass die Kunden ausbleiben.

Ein Onlineshop bietet z. B. verschiedene Kontaktmöglichkeiten wie eine kostenpflichtige Hotline, einen E-Mail-Service und einen Rückruf-Service an. Tatsächlich funktioniert aber nur die kostenpflichtige Hotline. Wenn die Kunden nämlich auf E-Mails keine Antwort erhalten oder nicht zurückgerufen werden, reagieren viele verärgert.

Ein positives Beispiel wird in der unten stehenden Abbildung dargestellt.

Paketlebenslauf für Paket 197837610004

Datum • Uhrzeit Depot • Ort	Scannung Abliefernachweis Nummer	Route • Tour Land • PLZ	Code
06.04.2006 • 15:26 0197 • Würzburg (DE) ⇒	Einrollung	0633 • 812 AT • 04030	101
07.04.2006 • 05:09 0633 • Hörsching (AT) ⇒	Eingang	0633 • 62 AT • 04030	101
07.04.2006 • 05:19 0633 • Hörsching (AT) ⇒	Ausrollung 0712 J ⇒	• 510 •	101
07.04.2006 • 00:38 0062 • Hörsching (AT)	HUB-Durchlauf	0633 • 900 AT • 04030	101
Code-Beschreibung 101 = DPD PARCEL (D)			

Abb. 18: Sendungsverfolgung[64]

Diese Bestellung wurde am 05.04.2006 am Abend aufgegeben und am 06.04.2006 zum Versand gebracht. Die Lieferzeit war mit 2 – 3 Tagen innerhalb von Deutschland angegeben. Das Paket erreichte jedoch das Zielgebiet am nächsten Tag in der Früh und wurde bereits am Vormittag zugestellt. An Werktagen sind dabei nicht einmal 24 Stunden vergangen. Und das, wohlgemerkt, ins benachbarte Österreich. Eine derartige Leistungsanforderung wirkt dementsprechend als Zufriedenheitstreiber.

Beide Beispiele, die aus eigener Erfahrung stammen, zeigen an, wie wichtig es ist, die Balance zwischen den Leistungen und den Erwartungen zu finden.

Die Steigerung der Kundenzufriedenheit ist in der letzten Zeit eine der Hauptaktivitäten in der Kundenorientierung geworden. „Denn der Marktanteil sagt etwas über die Vergangenheit aus, die Kundenzufriedenheit dagegen über die Zukunft."[65]

Die Zufriedenheit der Kunden kann subjektiv und objektiv gemessen werden. Das Sammeln von Informationen über den Geschäftsverlauf durch Kontakt mit dem

---

[64] Quelle: http://extranet.dpd.de/cgi-bin/delistrack?typ=1&lang=de&pknr=197837610004, Stand: 30.10.2006.

[65] Kotler, 2004, S. 85.

Kunden, sowie deren Auswertung, gibt aufschlussreiche Auskünfte über die Kundenzufriedenheit und gehört der subjektiven Methode an.

Zu den objektiven Maßstäben gehört vor allem die Auswertung der Geschäftsstatistiken. Daraus kann man Kennzahlen wie Neukunden, verlorene Kunden, zurückgewonnene Kunden, Wiederkaufsraten oder Loyalitätsraten errechnen, die im Abschnitt 4.2.1 näher erläutert werden.

Die häufigsten angewandten Überwachungsmethoden der Kundenzufriedenheit und der Kundenbindung im Handel sind das Auswerten von Beschwerden, der Einsatz von Testkäufern und die Kundenkarten. Der Handel über das Internet und die damit verbundenen Auswertungsmöglichkeiten über Logfiles und Data-Mining-Technologien eröffnen neue Möglichkeiten, um jeden einzelnen Kunden individuell zu betreuen. Der Online-Kunde als eigenes Marktsegment könnte Realität werden.

3.2 Kundenbindungsstrategie

Während die Zufriedenheit, die im oberen Abschnitt als einer der bestimmenden Faktoren erläutert wurde, die subjektive Wahrnehmung des Kunden darstellt, charakterisiert die Kundenbindungsstrategie ein Bündel von Maßnahmen, die nicht nur den Weg zu mehr Vertrauen und Zufriedenheit ebnen, sondern auch die faktische Bindung durch die Errichtung ökonomischer Wechselbarrieren beinhalten.

Abbildung 19 zeigt übersichtlich die möglichen 6 „Ws" als Elemente einer Kundenbindungsstrategie. Um einen Kunden zu gewinnen und zu binden, bedient man sich also verschiedener Strategien und Maßnahmen. Das Hauptanliegen eines Unternehmens sollte sich nicht auf das schnelle Gewinnen vieler Neukunden beschränken, sondern müsste sich besonders auf die „richtigen" Kunden konzentrieren und diese begeistern.

Die Darstellung zeigt deutlich, wie umfangreich die Kundenbindung sein kann. Gleichzeitig entstehen viele Fragen, die je nach Kundenbindungsstrategie auch verschieden zu beantworten sind. Daher wird in dieser Arbeit weder der Anspruch der Vollständigkeit erhoben, noch werden alle „Ws" detailliert untersucht. Das Hauptaugenmerk wird auf das „Wie", „Womit" und „Worüber" gerichtet, während die anderen „Ws" lediglich gestreift werden.

Nach *Kenzelmann* kann man das „Wie" der Kundenbindung in vier Arten unterteilen.

- Emotionale Kundenbindung, die aus Zufriedenheit und Image entsteht.

- Ökonomische Kundenbindung, die durch Wechselkosten und Austrittsbarrieren entsteht.

- Vertragliche Kundenbindung, die sich auf rechtliche Vereinbarungen stützt.

-    Technisch-funktionale Kundenbindung, die mit der technischen Beschaffenheit des Produktes zusammenhängt.[66]

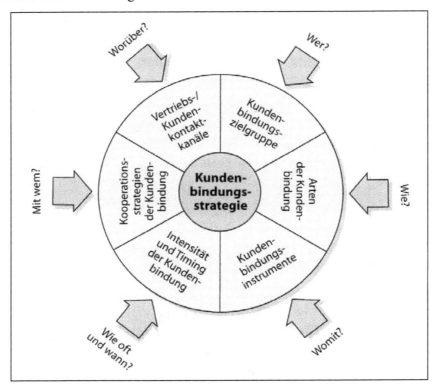

Abb. 19: Elemente einer Kundenbindungsstrategie[67]

Dabei spielt die emotionale Kundenbindung die wichtigste Rolle, denn sie ist am unempfindlichsten gegen fremde Verlockung. Um verschiedene Arten der Kundenbindung zu realisieren, benötigt ein Unternehmen verschiedene Instrumente, die das „Womit" konkret darstellen.

Man spricht hier von den „Vier P des Marketing" – Product, Price, Placement, Promotion – die im Zentrum des Beziehungsmarketing stehen.[68]

Die „Vier P" stehen im Deutschen für: Produkt, Preis, Distribution und Kommunikation. Eine andere Formulierung wäre die Aufgliederung in Leistungs-, Engelts- und Interaktionsebene, die aber den gleichen Sachverhalt darstellt.[69]

---

[66] Vgl. Kenzelmann, 2005, S. 26.

[67] Quelle: Helmke/Uebel, 2003, S. 20.

[68] Vgl. Kotler, 2004, S. 23.

[69] Vgl. Wisotzky, A. P. (2001): Digitale Kundenbindung. – Lohmar; Köln: Josef Eul, S. 53.

3.2.1 Produktpolitik

Die Leistungserbringung ist die Hauptaufgabe jeder Unternehmung. Der Leistungsbereich ist die Basis der Geschäftsbeziehungen und somit der ökonomische Stein der Kundenbindung. In der Praxis kann das z. B. durch wunschorientierte Produktgestaltung, durch die Bündelung von Leistungen oder durch besonderen Service erzielt werden.

Der Individualisierung wird heute große Bedeutung beigemessen. Das kann durch spezielle Produktserien oder durch individuell angepasste Lösungen erreicht werden. In diesem Zusammenhang spricht man heute von „Mass Customization". Damit ist die Fertigung von Produkten nach spezifischen Vorgaben des Kunden unter Nutzung der Kostenvorteile einer Massenproduktion gemeint.[70]

Die Leistungsindividualisierung geht sogar so weit, dass auch ein Einzelauftrag akzeptabel wäre, sofern sich die Kosten dieser Einzelanfertigung im Rahmen eines Standardproduktes bewegen.

Eine Produktgestaltung, die auf den ersten Blick als teure Alternative erscheint, bringt besonders Branchen mit kurzen Produktlebenszyklen wesentliche Vorteile. Dabei werden nur geringe Lagerhaltungskosten verursacht, und die Gefahr der Degenerationsphase sinkt.[71]

Für den Kunden bedeutet eine solche Individualisierung, dass er eine persönliche Wertsteigerung erfährt, für die er bereit ist, auch einen Aufpreis zu bezahlen.

Die Marktsegmentierung ist genauso wichtig. Nischenprodukte oder einzigartige Anfertigungen, die sich sehr stark von denen der Mitbewerber unterscheiden, weisen eine höhere Kundenbindung auf.[72]

Der Unterschied zwischen dem stationären Einzelhandel und dem Online-Handel besteht hier in der Tiefe und Breite des Sortiments, das von Kunden erwartet wird. Immerhin halten 69 Prozent der Online-Käufer aus der Abbildung 20 das große Sortiment für „sehr wichtig" oder „wichtig".

Ebenso wirken sich höhere Qualitätsstandards kundenbindend aus. Viele Laptop Benutzer erwähnen z. B. die sehr robuste ThinkPad Verarbeitung als einen der Gründe, warum sie sich immer wieder für dieselbe Marke entscheiden.

---

[70] Vgl. Schuckel, M.; Ritzka, N. (2001): Mass Customization, in: Global Company (Hrsg.): E-Business & M-Business: Einsichten, Ansichten und Ideen rund um das elektronische Business. – Pulheim; Köln: World Medien, S. 89.

[71] Vgl. Kotler, P.; Jain, C. D.; Maisencee, S. (2002): Marketing der Zukunft: mit „Sense and Response" zu mehr Wachstum und Gewinn. – Frankfurt; New York: Campus, S. 116.

[72] Vgl. Kenzelmann, 2005, S. 111.

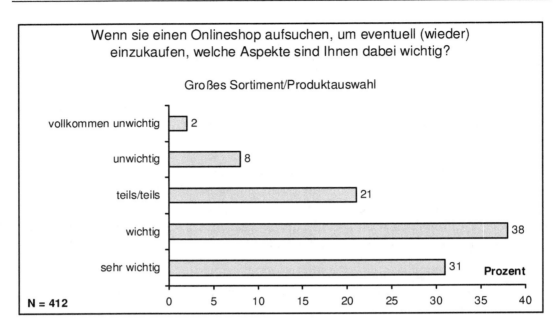

Abb. 20: Bedeutung des Sortiments[73]

Besonders im Online-Handel spielt die Produktdifferenzierung durch die Markenbindung eine besondere Rolle, denn die unveränderte Qualität, die durch die Marke vermittelt wird, reduziert aus Kundensicht das Kaufrisiko. Der Kunde vertraut darauf, ein qualitativ gleich bleibendes Angebot dauerhaft zu erhalten. Der Nutzen einer Marke ist umso höher, je unübersichtlicher der Markt wird. Die Marke vermittelt dem Kunden auch eine gewisse Sicherheit für den Fall einer eventuellen Reparatur.

Diese Markenbindung erlaubt in der Praxis reine Marken Onlineshops wie z. B. Lapstars.de, die nur mit IBM Laptops – mittlerweile unter Lenovo-Fahne – und Zubehör überlebensfähig sind.

Eine Leistungsindividualisierung ist nicht in allen Fällen möglich, daher ist es wichtig, nach Leistungen Ausschau zu halten, die im Paket angeboten werden können. Hier spricht man von einer Leistungsbündelung, die für den Kunden mehr Nutzen bringt als mehrere Einzelleistungen. Der Preis spielt dabei eine untergeordnete Rolle, da ein direkter Preisvergleich schwierig ist. Im stationären Handel bieten viele Reifenhändler nicht nur Reifen, sondern auch saisonalen Reifenwechsel, Waschen, Wuchten und Lagern an. Haben beispielsweise Reifen die Mindestprofiltiefe erreicht, dann wird der Kunde informiert, und gleichzeitig wird ihm ein Angebot unterbreitet. Dadurch werden Wechselbarrieren aufgebaut.

Bei einem zufriedenen Kunden würde ein Wechsel, der die Gewohnheit stört, lediglich als Mühe oder als Aufwand betrachtet werden, für den keine Notwendigkeit besteht. Für den Händler bedeuten solche Zusatzleistungen zwar anfangs Investitionen, doch verteilt

---

[73] Quelle: Eigene Umfrage, 2006.

auf die Dauer der Geschäftsbeziehungen lohnen sie sich. Online-Händler wie Dell bieten zusätzlich ein Softwarepaket, verschiedenes Zubehör, einen Vor-Ort-Service, einen Online-Support oder eine verlängerte Garantieleistung. Viele dieser Leistungen sind nur im Bedarfsfall einschätzbar, daher preislich nicht vergleichbar.

Ein anderer Aspekt, der sich nicht genau abgrenzen lässt, ist die Serviceleistung. „Im Zeitalter der Massenprodukte stellt die Servicequalität eine der vielversprechendsten Möglichkeiten zur Differenzierung und Unterscheidung dar."[74]

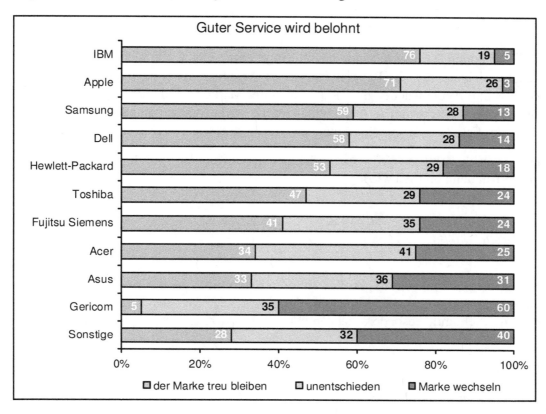

Abb. 21: Markenbindung Notebook[75]

Der Service kann produktbezogen oder Teil der Leistungserbringung sein. Eine Unterscheidung der Service-Zugehörigkeit zwischen der Kernleistung, der Leistungsbündelung und der Zusatzleistung ist nicht möglich.[76]

Man kann hier nur auf der Produktebene zwischen technischem und kaufmännischem Service unterscheiden. Sowohl der technische Service, der sich mit Angelegenheiten wie Inbetriebnahme, Wartung, Reparatur, etc., als auch der kaufmännische Service, der

---

[74] Kotler, 2004, S. 83.

[75] Quelle: c´t, 2006, Heft 6, S. 188.

[76] Vgl. Wisotzky, 2001, S. 55.

sich mit Bestellung, Beratung, Umtausch, etc. beschäftigt, gewinnen zunehmend an Bedeutung.[77]

In Zeiten, in denen der Markt bereits mit substituierbaren Produkten überschwemmt ist, und in denen die Produktlebenszyklen immer kürzer werden, spielen die Beratung sowie die technische Unterstützung eine wesentliche Rolle bei der Händlerauswahl. Besonders der After-Sales-Service spielt eine Schlüsselrolle für die Zufriedenheit der Kunden. Die Abwicklung dieser Service- und Garantieleistung und die damit verbundene Mund-zu-Mund-Propaganda beeinflussen ebenso die Markenbindung. Diese Tatsachen werden auch durch verschiedene Umfragen untermauert.

Die Abbildung 21 wurde einer c't Umfrage entnommen, die sich ausschließlich an Kunden richtete, die den Reparaturservice in Anspruch genommen haben. Während z. B. IBM und Apple Kunden trotz Reparatur ihrer Marke treu bleiben, gelang es Gericom als einzigem Unternehmen, mehr unzufriedene als zufriedene Kunden zu hinterlassen. Auch der Fall Asus zeigt, wie schnell ein Unternehmen das Vertrauen verspielen kann.[78]

Daraus schlussfolgert *Kenzelmann*: „Zufriedene Kunden sind loyale Kunden. Und loyale Kunden kommen wieder"[79]

3.2.2 Preispolitik

Ein mächtiges und wirkungsvolles Bindungsinstrument ist die Bindung durch Preisvorteile.[80] Man sollte aber immer im Auge behalten, dass die Preisvorteile nicht das Allheilmittel sind, besonders dann nicht, wenn die Kernleistung ihre Aufgaben nicht erfüllt.

Die am häufigsten verwendeten finanziellen Anreize sind:

- Bonus- und Rabattsysteme,

- Preisbündelungen,

- Verträge.

---

[77] Vgl. Pepels, W. (2002): Moderne Marketingpraxis: eine Einführung in die anwendungsorientierte Absatz-wirtschaft. – Herne; Berlin: Neue Wirtschafts-Briefe, S. 89 f.

[78] Vgl. Rink, J. (2006): Wenn der Kunde zweimal klingelt, in c't, o. Jg., Heft 6, S. 189.

[79] Kenzelmann, 2005, S. 29.

[80] Vgl. Müller-Hagedorn, 1999, S. 29.

Bonus- und Rabattsysteme sind Vergütungen, die ein Händler seinen Kunden bei Erfüllung bestimmter Anforderungen einräumt.[81]

Diese Rabatte können Funktions-, Mengen-, Zeit- oder Treuerabatte sein. In der Praxis spricht man oft von Sonderaktionen, Gutscheinen, Bonusmeilen, etc., oder es gibt Bestpreisgarantien oder Kundenkarten. Einige Onlineshops wie z. B. Schlecker.com oder Tchibo.de haben diese Ideen auch für den Online-Handel übernommen und bieten ein Belohnungssystem für Vielbesteller wie z. B. „Webmeilen" oder „On Top" Vorteile.

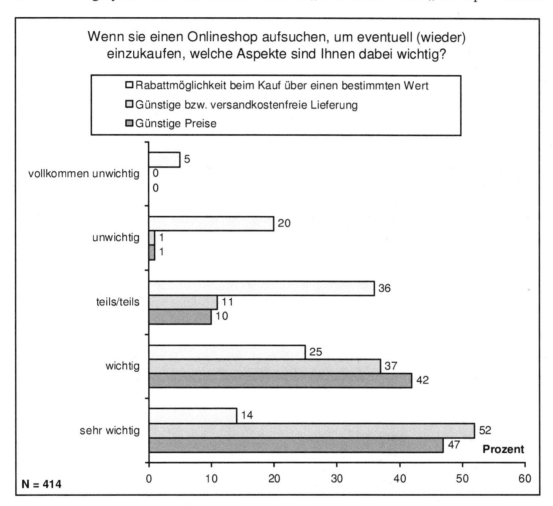

Abb. 22: Bedeutung der preisbildenden Maßnahmen[82]

Ebenso versuchen Hersteller oft durch verschiedene Sonderaktionen – wie z. B. „Cash Back" – einen Teil des Kaufpreises innerhalb eines Zeitrahmens rückzuerstatten.

---

[81] Vgl. Meffert, 2000, S. 581.

[82] Quelle: Eigene Umfrage, 2006.

Der Anbieter kann durch eine Analyse der bisherigen Beziehungen den Preis bestimmen, indem er differenzierte Preise für verschiedene Kundengruppen erstellt.

Die Besonderheit des Internets liegt diesbezüglich in der Möglichkeit eines raschen Preisvergleiches. Daraus resultiert eine sehr geringe Bereitschaft, höhere Preise zu bezahlen. Auch die Internetbefragung bestätigt die Theorie, dass Kunden im Internet Preisvorteile erwarten. Allerdings ist die Preisbildung komplex zu sehen, wie Abbildung 22 zeigt. Obwohl der Preis und die versandkostenfreie Lieferung mit 89 Prozent zwischen „wichtig" oder „sehr wichtig" wertungsgleich liegen, ist die Verteilung „sehr wichtig" zugunsten der Versandkosten gefallen, während eine einfache Rabattmöglichkeit beim Kauf über einen bestimmten Wert mit 39 Prozent erheblich weniger Bedeutung hat.

Dieses Ergebnis zeigt, dass die versandkostenfreie Lieferung ab einem vernünftigen Bestellwert eine vorzügliche Rabattmöglichkeit darstellen würde. Das Erfolgsbeispiel Amazon mit versandkostenfreier Lieferung ab 20 Euro Bestellwert bestätigt diese These.

Die Preisbündelung ist der Leistungsbündelung ähnlich, aber es steht nicht die funktionale bzw. technische Bindung im Vordergrund, sondern die Vergünstigung durch eine Bündelung. Man denke an die vielen Set-Angebote, die einzeln wesentlich teurer kämen.[83]

Ebenso sind langfristige Verträge mit preislichen Zugeständnissen der Entgeltebene zuzuordnen. Ein Preisnachlass wird nur unter der Bedingung gewährt, dass der Kunde während der gesamten Vertragslaufzeit auch Kunde bleibt. Ein Beispiel dafür sind Mobilfunk Unternehmen, die beim Abschließen oder beim Verlängern der Verträge die Endgeräte quasi gratis verteilen. Auch viele andere Abonnements gehören zu dieser Gruppe. Eine vorzeitige Vertragsauflösung erzeugt Wechselkosten, weil die ursprüngliche Vergünstigung zurückzuzahlen ist.

3.2.3 Kommunikationspolitik

Der Kommunikations- und Interaktionsebene wird eine dermaßen große Rolle zugeordnet, dass man sogar von einer emotionalen Bindung spricht.[84]

Als Interaktion wird der Dialog zwischen Händlern oder Herstellern und Kunden verstanden. Anzumerken ist, dass es in diesem Bereich keine deutliche Trennung mehr zwischen den stationären und den online Händlern gibt. Auch rein stationäre Händler haben die Wichtigkeit des Internets als Kommunikations- und Informationsmedium

---

[83] Vgl. Wisotzky, 2001, S. 57.

[84] Vgl. Müller-Hagedorn, 1999, S. 29.

entdeckt, wobei als klassische Elemente Werbung, Verkaufsförderung, Public Relations, Sponsoring und Events zu erwähnen wären. Als dialogorientierte Instrumente im Rahmen der Interaktion kann man nach *Kenzelmann* Folgendes auflisten:

- Direktkommunikation,

- Corporate Design,

- Kundenzeitschriften,

- Kundenkarten,

- Kundenclubs,

- Umfragen,

- Internetauftritt,

- Communities,

- E-Mail-Newsletter,

- Kunden-Events,

- Beschwerdemanagement.[85]

Da alle diese Maßnahmen positiv auf die Kundenzufriedenheit wirken und Vertrauen schaffen, dienen sie als Basis für Folgekäufe. Die Kommunikationskanäle hierfür sind sehr umfangreich und werden gesondert und praxisorientiert behandelt. Allerdings sind für alle diese Kanäle einige Anforderungen wichtig, die es zu berücksichtigen gilt:

- Die Kommunikation soll möglichst kontinuierlich sein und ebenso zwischen den einzelnen Kaufprozessen stattfinden.

- Die Kommunikationsformen sollen dialogorientiert sein, um auch Kundenreaktionen zu ermöglichen.

- Die Kommunikation soll personalisiert werden, um besser wahrgenommen zu werden.[86]

Grundsätzlich können derartige Maßnahmen und Anforderungen in dieser oder ähnlicher Form unabhängig vom Medium umgesetzt werden. Aber das Internet ist hier nahezu unverzichtbar, denn es bietet nicht nur die Unterstützung klassischer Kommunikationsinstrumente, sondern auch völlig neue Kommunikationswege.

---

[85] Vgl. Kenzelmann, 2005, S. 27.

[86] Vgl. Wisotzky, 2001, S. 59.

3.2.4   Distributionspolitik

Die Distributionspolitik umfasst Entscheidungen und Maßnahmen, die die Übermittlung der Leistungen vom Hersteller zum Endkunden betreffen.[87]

Der Distributionsbereich hat insofern einen Einfluss auf die Kundenbeziehungen, als durch ihn die Art und Weise der Transaktionen bestimmt wird. Die Grundlage ist die Bereitstellung eines optimalen Übertragungsweges für Waren und Dienstleistungen und die damit verbundenen Transaktionen. Im stationären Handel versucht man alternative Möglichkeiten der Produktbestellung, -bezahlung oder Reparatur anzubieten.

Unternehmen können das Internet als einzigen oder als zusätzlichen Vertriebskanal nutzen, wobei verschiedene Wege möglich sind. Beispielsweise können Online-Händler auch stationäre Filialen eröffnen oder umgekehrt. Conrad Elektronik bietet z. B. einen katalogbasierten Versandhandel, einen Onlineshop und auch Einzelhandelslokale an. Ebenso haben Hersteller das Internet als einen direkten Absatzkanal entdeckt, der nebenbei der Informationsgewinnung dient. Die Umsetzungsformen des Online-Vertriebs reichen von Onlineshops, Online-Markt, Online-Auktionen bis hin zu Schwarzen Brettern. Diese Formen können sowohl einzeln als auch gleichzeitig auftreten.

3.3   *Integration aller Maßnahmen*

In den bisherigen Abschnitten wurden die Kundenbindugsmaßnahmen einzeln dargestellt und einige Zusammenhänge beschrieben. Diese Maßnahmen sind in der Praxis kaum einzeln anzutreffen, und auch der Wirkung einer einzigen Maßnahme kann allein keine große Bedeutung zugeordnet werden. Der Preis an sich mag zwar der wichtigste Faktor sein, bildet aber nicht unbedingt das ausschlaggebende Kriterium für den Kauf. Man denke an Gutscheine, Sonderaktionen oder Werbegeschenke, die sich auf Waren beziehen, die der Kunde weder benötigt, noch die seinen Qualitätsanforderungen entsprechen.

Daher kann der Erfolg aller Kundenbindungsmaßnahmen nur mit dem richtigen Bündel erreicht werden. Nach *Bruhn* kann man von „Integriertem Kundenbindungsmanagement" sprechen, das von ihm wie folgt definiert wird:

„Unter Integriertem Kundenbindungsmanagement ist ein Koordinationsprozeß zu verstehen, der darauf ausgerichtet ist, aus den einzelnen, isolierten [...] Maßnahmen der Kundenbindung eine Einheit herzustellen, die in der Lage ist, den Kunden in

---

[87] Vgl. Meffert, 2000, S. 600.

verschiedenen Situationen seiner Geschäftsbeziehungen an das Unternehmen zu binden."[88]

Hier wird deutlich dargestellt, dass langfristig nicht die einzelnen, sondern die Gesamtheit aller Maßnahmen eine wichtige Rolle in der Kundenbindung spielen. Wichtig ist hierbei der Aufbau von Wechselbarrieren, denn wenn der Kunde Wechselbarrieren überwinden muss, dann wird er seine Möglichkeiten neu beurteilen, nämlich entweder diese Barrieren zu überwinden oder wieder beim alten Anbieter einzukaufen.[89]

Primäres Ziel der Integration ist die emotionale Bindung als eine der sichersten Möglichkeiten, Kunden dauerhaft zu halten. Dialogorientierte Instrumente wie Kundenclubs, interaktive Webpräsenz, Kundenkarten sowie auch Bonusprogramme leisten gute Dienste, um Emotionen hervorzurufen.[90]

Besonders die Vielfältigkeit des Internets macht eine Abstimmung der einzelnen Maßlahmen notwendig. In Anlehnung an *Fritz* kann man hier einige Ansatzpunkte wie

- inhaltliche Integration – die Botschaft soll widerspruchsfrei sein,

- instrumentelle Integration – alle Instrumente sollen abgestimmt werden,

- formale Integration – die Gestaltung soll einheitlich sein,

- zeitliche Integration – Aktivitäten sollen zeitlich abgestimmt sein,

- und zielgruppenspezifische Integration

erwähnen.[91]

In der Praxis ist diese Koordination schwierig, da alle Maßnahmen einander gegenseitig beeinflussen. Die Gewichtung der einzelnen Elemente hängt auch von Produktlebenszyklus, Konsumgütern, Unternehmensgröße oder Budget ab. Als eine allinclusive Lösung wird die Kundenkarte gesehen. Über 70 Millionen vorhandene Kundenkarten in Deutschland zeigen diese Bedeutung an.[92]

---

[88] Bruhn, M. (1999): Kundenorientierung: Bausteine eines exzellenten Unternehmens. – München: Deutscher Taschenbuch Verlag, S. 149.

[89] Vgl. Kenzelmann, 2005, S. 29.

[90] Vgl. Kenzelmann, 2005, S. 25.

[91] Vgl. Fritz, W. (2004): Internet-Marketing und Electronic Commerce: Grundlagen – Rahmenbedingungen – Instru-mente, 3. vollständig überarbeitete und erweiterte Aufl. – Wiesbaden: Gabler, S. 240.

[92] Vgl. ECC-Handel: Instrumente zur Kundenbindung, URL: http://www.ecc-handel.de/instrumente_zur_ kundenbindung.php, Stand: 31.10.2006.

Hiermit wird nicht nur durch Rabatte und Prämien versucht, Wechselbarrieren aufzubauen, sondern durch die Analyse der Informationen auch besser auf die Bedürfnisse der Kunden einzugehen.

4 Neue Trends im Konsumverhalten und die Bedeutung der Kundenbindung

4.1 *Nachhaltige Veränderungen und Konsequenzen*

Viele nachhaltige Entwicklungen wie die Globalisierung der Wirtschaft, die Entwicklung und Verbreitung der Informations- und Kommunikations-Technologie, sowie die Veränderungen im Konsumverhalten bestimmen mittlerweile auch die Märkte. Das Konsumverhalten wird mehr und mehr durch die Informationsgesellschaft geprägt und ist bestimmender Faktor im Handel geworden. Der Markt bewegt sich vom Verkäufer- hin zum Käufermarkt.

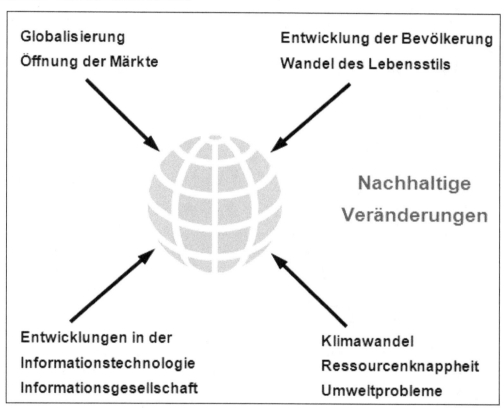

Abb. 23: Nachhaltige Veränderungen[93]

Durch die Veränderungen in der Bevölkerungsstruktur wie die Überalterung der Gesellschaft und der Trend zu Single-Haushalten sind neue Konsumententypen entstanden, die genauso als Auftrieb für neue Marktsegmente dienen.

---

[93] Quelle: In Anlehnung an Steinmüller, K. (2002): Trends und Konsumverhalten – Ein Blick in die Kristallkugel: Was bringt uns die Zukunft?, Vortrag, abrufbar im Internet, URL: http://www.agenda21.nrw.de/service/download /index.html, Stand: 31.10.2006, S. 4.

Als Beispiel könnte man hier die Gesundheitsindustrie mit dem neuen Megamarkt „Wellness" erwähnen. Auch der Lebensstil wird immer hedonistischer, Erlebniskonsum hat eine wichtige Stellung eingenommen. Man kauft Waren und beansprucht Dienstleistungen nicht nur um des Gebrauchswertes willen, sondern auch um die gewünschte innere Befriedigung zu erlangen. Der Gebrauchswert einer Ware ist teilweise sogar nebensächlich geworden, denn bei der Menge gleichwertiger Angebote bleiben nur mehr erlebnisorientierte Zusatzinformationen als Auswahlkriterien übrig. Unverwechselbare Merkmale, die Formgebung oder der Zusatznutzen stehen immer mehr im Vordergrund.

Die technologische Entwicklung und die steigende Mobilität haben auch Umweltprobleme mit sich gebracht. Neue Normen und Richtlinien wie beispielsweise RoHS[94] für umweltverträglichere Materialien sind entstanden. Dies wiederum hat direkte Auswirkungen auf Hersteller, Handelsketten oder Einzelunternehmen, die diese Richtlinien umsetzen müssen. Die Ressourcenknappheit drängt Hersteller einerseits zu innovativen und recycelbaren Produkten und beeinflusst andererseits die Preise.

Die aufgezeigten dynamischen Veränderungen resultieren in einem veränderten Konsumverhalten mit entsprechenden Folgeerscheinungen für das Marketing. Unternehmen sind gefordert, diese Komplexität zu analysieren, um richtig reagieren zu können.

4.1.1 Informationsgesellschaft

Die Entwicklung und Verbreitung der Informations- und Kommunikationstechnologie prägt wohl am stärksten die heutige Gesellschaft. Das Internet spielt eine wichtige Rolle, um Wissen zu gewinnen, zu verarbeiten, zu speichern und zu nutzen. Ein wesentlicher Teil des Lebens und Arbeitens wird dadurch beeinflusst. Digitale Medien bieten nicht nur große Wertschöpfungspotenziale, sondern sind auch Treiber für mehr Innovation und Wachstum geworden.

Mittlerweile ist das Internet in fast allen Bevölkerungsgruppen zu einem Massenmedium geworden, das nicht mehr wegzudenken ist. Multimediale Computer werden für den privaten Verbraucher immer mehr zum zentralen Kommunikationsmedium. Während 2002 bereits 75 Prozent aller PC-Nutzer das Internet benützten, waren es 2005 schon über 87 Prozent.[95]

Die Befragung der Internetnutzer, wie in Abbildung 24 dargestellt, ergibt, dass sich klassische Dienste wie E-Mail oder Informationssuche mit 96 bzw. 89 Prozent

---

[94] RoHS bezeichnet zusammenfassend die EG-Richtlinie 2002/95/EG zur Beschränkung der Verwendung bestimmter gefährlicher Stoffe in Elektro- und Elektronikgeräten.

[95] Vgl. Statistisches Bundesamt – Pressestelle, 2006, S. 50.

vollkommen etabliert haben. Aber auch andere Dienste werden stark in Anspruch genommen und durchdringen alle Lebens- und Arbeitsbereiche.

So hat Online-Banking mit 73 Prozent stark an Akzeptanz gewonnen und dient auch als Basis für den Geschäftsverkehr im Online-Handel.

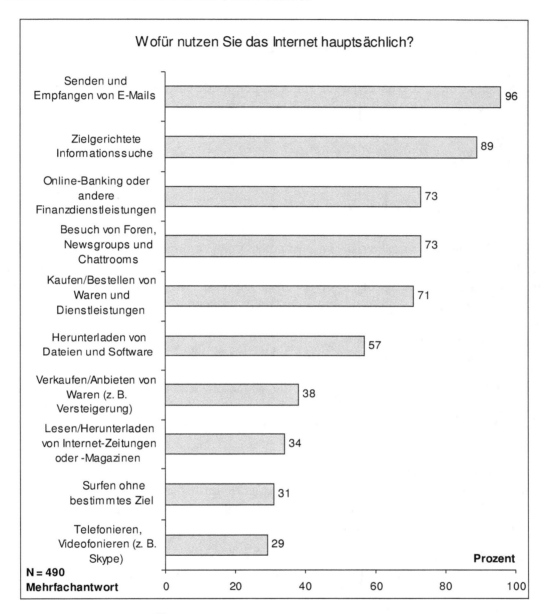

Abb. 24: Internetnutzung[96]

Nicht nur, dass das Kaufen über das Internet vermehrt in Anspruch genommen wird, auch der Kaufentscheidungsprozess verlagert sich mehr und mehr in Richtung Internet.

---

[96] Quelle: Eigene Umfrage, 2006.

Das Besuchen von Foren, Newsgroups oder Chatrooms mit 73 Prozent deutet an, dass die Erfahrungen oder Meinungen anderer Internetnutzer von großer Bedeutung sind. Immerhin erklären rund 30 Prozent der Online-Käufer, dass ihre Kaufentscheidung erst durch das Surfen im Internet angeregt wird.[97]

Das Wachstum der Informationswirtschaft bringt auch eine Informationsüberlastung mit sich. Die Verbraucher stehen vor einer Flut von Informationen über jedes nur erdenkliche Thema. Man kann sofort weltweit auf verschiedene Informationen zugreifen. Die Zahl der Webseiten ist von 100.000 im Jahr 1995 auf heute rund 10 Milliarden gestiegen. Während 1995 eine Online-Stunde etwa 5 Euro gekostet hat, kann man heute das Internet um den gleichen Betrag einen Monat lang nutzen. Daher ist es für einen Anbieter schwierig geworden, die Aufmerksamkeit der Konsumenten auf sich zu lenken.[98]

4.1.2   Veränderte Bedingungen im Wettbewerb

Die Globalisierung charakterisiert die rasanten Veränderungen, denen die Welt in der letzten Zeit ausgesetzt ist. Verschiedene sich gegenseitig verstärkende Faktoren, insbesondere die durch das Internet bereitgestellte Infrastruktur, die sinkenden Transportkosten, die Intensivierung grenzüberschreitender Kontakte sowie die stark zunehmenden Finanztransaktionen beeinflussen die Geschwindigkeit und die Reichweite der Globalisierung.[99]

Diese neuen Bedingungen sowie die Deregulierung und die Marktöffnung haben zu einer hohen Markttransparenz geführt, die wiederum zur Wettbewerbsintensivierung beiträgt. Die Märkte und der Wettbewerb haben sich mittlerweile global entwickelt, der Konsum kennt keine nationalen Grenzen mehr, und der Konsument ist souveräner geworden.

Das Internet als Vertriebskanal ermöglicht es Unternehmen, Kunden ohne geografische Einschränkung anzusprechen und hat die Markteintrittsbarrieren für neue Anbieter gesenkt. Unternehmen können ihr Geschäftsmodell internetbasiert aufbauen und von niedrigen Transaktionskosten profitieren.[100]

Niedrige Marktzutrittsschranken zwingen Unternehmen zu mehr Effizienz. Sie müssen sowohl das Angebot nachfrageorientiert zu niedrigen Preisen bereitstellen als auch

---

[97] Vgl. Fritz, 2004, S. 116.

[98] Vgl. Statistisches Bundesamt – Pressestelle, 2006, S. 9.

[99] Vgl. Müller, K. (2002): Globalisierung. – Frankfurt; New York: Campus, S. 8.

[100] Vgl. Fritz, 2004, S. 91.

Innovationen bei Produkten berücksichtigen, denn ansonsten besteht die Gefahr, dass neue Wettbewerber diese Anforderungen besser erfüllen und die Nachfrage an sich reißen. Diese Gefahr steigt auch, weil in elektronischen Märkten die Entstehung einer Marktmacht kaum möglich ist.

Die neuen Geschäftsformen einerseits und die qualitative Angleichung von Produkten andererseits führen zu einem schärferen Preiswettbewerb, der die Margen kleiner werden lässt. Allein die Preissuchmaschine Geizhals.at zählt über 1100 registrierte Händler im deutschsprachigen Raum, die mehr als 200.000 Einzelprodukte anbieten. Insgesamt finden sich bei Geizhals.at 4,1 Millionen Preise. Das zeigt, wie schwierig und kostenintensiv es für Unternehmen ist, sich auf dem Markt zu behaupten.[101]

Als besonderer Vorteil der elektronischen Märkte wird die Markttransparenz hervorgehoben. Man kann schnell die Angebote und die Preise, die bereits in digitaler Form vorliegen, überblicken. Auf traditionellen Märkten ist die Möglichkeit eines Preisvergleichs zwar gegeben, jedoch erfordert die Informationssuche höhere Kosten, die z. B. durch die Überbrückung der regionalen Verbundenheit entstehen.

Die steigende Zahl der Marktteilnehmer bei wachsender Markttransparenz führt zu einer Markterweiterung, die ihrerseits Auswirkungen in einer stärkeren Produktdifferenzierung hat. Da auch die Bedeutung der Kundenwünsche steigt, ist eine größere Zahl von Produktvarianten die Folge. Marktnischen mit geringerem Wettbewerb entstehen und werden mit Unterstützung der Informationstechnologie genutzt.[102]

Gerade im Online-Handel wird es immer schwieriger, Kunden nur über den Preis zu binden. Daher stellen auch Produktdifferenzierungsvorteile einen wichtigen Erfolgsfaktor im Online-Handel dar.

Nicht nur das Ringen um jeden einzelnen Kunden ist neu. Auch der technologische Fortschritt bringt immer kürzer werdende Produktlebenszyklen mit sich. Nicht wirklich alte Produkte werden in immer kürzeren Abständen von der jüngeren Generation verdrängt und durch neue ersetzt. Die Einführung neuer Produkte erfordert eine schnelle dynamische Reaktion, um mit dem richtigen Produkt zum richtigen Zeitpunkt mit dem richtigen Preis präsent zu sein.

Die Praxis zeigt, dass kaum ein Unternehmen die Entwicklung und Einführung innovativer Produkte lange Zeit für sich beanspruchen kann, denn diese Produkte finden bald Nachahmer, wodurch die Umsatzkurve sinkt. Daher ist es enorm wichtig, nicht nur technisch überlegene Produkte schneller herzustellen, sondern auch verschiedene individuellere Produktvariationen anzubieten.[103]

---

[101] Vgl. Geizhals.at.

[102] Vgl. Steyer, 1998, S. 6.

[103] Vgl. Kotler, u. a., 2002, S. 26.

Andererseits eröffnen die kurzen Produktlebenszyklen auch Chancen für Unternehmen, um sich mit aktuelleren innovativeren Produkten auf dem Markt neu zu positionieren. *Dr. Jürgen Rakow*, Geschäftsführer der Yakumo GmbH, beschreibt diese Situation folgendermaßen: „Es gibt herrliche Chancen im IT-Markt. Wenn wir heute ein Produkt versauen, machen wir das morgen mit einem neuen wieder wett."[104]

4.1.3 Individualisierte Gesellschaft

Die derzeitige westliche Gesellschaft lässt sich immer weniger in feste Lebens- und Orientierungsmuster einteilen. Sowohl die Bedürfnisse verschiedener Personengruppen als auch das Anspruchsprofil des Einzelnen unterscheiden sich zunehmend. Aufgrund des erhöhten Wettbewerbs und des damit verbundenen Warenüberangebotes werden sich die Nachfrager ihrer Macht als Käufer immer bewusster.

Das Konsumverhalten ist „hybride" geworden, das heißt, es wird in einem Bereich günstig gekauft, es besteht jedoch in anderen Bereichen von den gleichen Kunden Bedarf an Luxusgütern. Man spricht von einer Polarisierung der Nachfrage bei steigenden Qualitätsansprüchen.[105]

Diese Qualitätsansprüche äußern sich zunehmend in der kritischen Haltung der Konsumenten, die mangelnde Qualität oft mit Abbruch der Geschäftsbeziehungen quittieren. Dadurch entsteht ein schwer wieder gutzumachender Imageverlust.

Viele Konsumenten suchen nicht nur nach Standard Luxusgütern, sondern zusätzlich nach Einzigartigkeit. Klassische Gruppenmerkmale wie kulturelle, soziodemografische oder lebensorientierte Eigenschaften, die bisher zur Segmentierung der Märkte herangezogen wurden, verlieren allmählich ihre Wirkung.

Neue Marktsegmente und -nischen sind entstanden. Dadurch versuchen sich Unternehmen dem harten Wettbewerb zu entziehen und gleichzeitig hohe Renditen zu erzielen. Auch die vorhin angesprochene demografische Entwicklung bietet neue Marktnischen durch Angebote an die steigende Anzahl älterer Menschen, wie Seniorenreisen oder Einkaufsservice. Wichtig ist, den aktuellen Trends immer um einen Schritt voraus zu sein, denn was heute gerade als Trend gilt, ist den Mitbewerbern ebenfalls bekannt. Man sollte neue Trends entdecken, statt sie nachzuahmen.

Das fordert auch eine Reorganisation der Wertschöpfungskette. Der Informationsfluss vom Endkunden zum Hersteller wird immer wichtiger. Ebenso wird der Zwischenhandel zum Teil ausgeschaltet, da er in dieser persönlichen Anpassung keinen Platz in der Kette mehr findet.

---

[104] Rakow, J. (2006): Spruch der Woche, in: Computer Bild, o. Jg., Heft 16, S. 8.

[105] Vgl. Meffert, 2000, S. 107.

Eine Neuheit ist auch die Instant-Mentalität der Konsumenten. Die Kunden bevorzugen eine schnelle Lieferung, sie wollen schnell bedient werden. Diese Mentalität im Zusammenhang mit der Individualisierung stellt viele Unternehmen vor neue Anforderungen hinsichtlich der Reaktionszeit.

Ein kleines aber gutes Beispiel ist „Case-Modding". Unter „Case-Modding" wird das optische Verändern des Computer Gehäuses mit auffälligsten Materialien, Leuchtdioden oder Leuchtstoffröhren verstanden.

Abb. 25: Case-Modding[106]

Der Kunde erwirbt ein einzigartiges Gehäuse und die notwendigen Einzelteile, um die von ihm gewünschte Extravaganz zu erreichen. Einige Hersteller haben diese Nische entdeckt und bieten außergewöhnliche Gehäuse samt benötigtem Zubehör an, die allerdings wesentlich teurer sind als Standardprodukte.

4.1.4 Schwindende Loyalität

Die zunehmende Fragmentierung der Nachfrage hat zu einer Erweiterung der Angebotspalette geführt. Aufgrund dieser zunehmenden Produktvielfalt sinkt die allgemeine Marken- und Anbieterloyalität. Konsumenten entscheiden sich immer seltener für den Kauf einer einzigen Marke, sondern wechseln öfters zwischen einer

---

[106] Quelle: http://www.bit-tech.net/modding/2005/05/04/wcg2005_casemod/8.html, Stand: 24.09.2006.

Anzahl von Marken hin und her. Besonders Käufer, die große Mengen einer Produktkategorie kaufen, wechseln oft die Marke oder den Anbieter. Gründe für die sinkende Markenloyalität sind Preisunterbietung und die Produktparität.[107]

Die Globalisierung der Wirtschaft mit Outsourcing als begleitende Erscheinung bringt auch bekannte Marken immer mehr in Bedrängnis. Die Produktion verschiedener Marken am gleichen Standort macht die Produkte diverser Hersteller nicht nur qualitativ vergleichbar, sondern lässt auch äußere Unterschiede verschwinden. Immer öfter tauchen im Internet Informationen über Produkte auf, die sich nur durch das Label unterscheiden. Die Bereitschaft, einen Aufpreis für Markenprodukte zu bezahlen nimmt somit ab. Das Unternehmen ist gefordert, Serviceleistungen oder innovative Extraangebote zu offerieren, um einen zusätzlichen Mehrwert zu schaffen.

Alle diese Veränderungen haben zur Steigerung der Käufermacht geführt. Käufer können Preise und technische Merkmale vergleichen. Das nächste Angebot findet man nur einen Mausklick entfernt. Die Substituierbarkeit der Produkte bietet für den Konsumenten die Möglichkeit, ohne Verzicht auf Produktmerkmale auf alternative Produkte zugreifen zu können.

In einer einzigen neuen Produktkategorie „LCD-Fernseher 30 - 39 Zoll" befinden sich im Preisvergleichsportal Geizhals.at 263 Produktvarianten von 37 verschiedenen Herstellern, die von 160 Händlern im deutschsprachigen Raum angeboten werden.[108]

Da die Warenauswahl sehr groß ist, kann sie unmöglich im stationären Handel auf Lager gehalten oder angeboten werden. Dieses ortsunabhängige Angebot, gepaart mit der Bequemlichkeit des Online-Handels, stellt aus Anbietersicht ein Risikopotenzial dar.

4.2 Die Bedeutung der Kundenbindung

Aufgrund des starken Warenüberangebots und des damit verbundenen Preiswettbewerbs gewinnt die Kundenbindung für Unternehmen heutzutage enorm an Bedeutung. Ein Unternehmen kann nur in zwei Formen wachsen. Eine davon ist die stetige Neukundengewinnung und die andere ist die Konzentration auf die bereits bestehenden Kunden. Neue Entwicklungen zeigen, dass die zweite Form die wichtigere und zuverlässigere Rolle im Geschäftsausbau spielt.[109]

Das betrifft sowohl etablierte als auch neue Anbieter. Im traditionellen

---

[107] Vgl. Dastani, P. (2000): Märkte im Wandel – Konsequenzen für Marketing & Vertrieb, URL: http://database-marketing.de/dbmwandel.htm, Stand: 04.11.2006.

[108] Siehe: http://www.geizhals.net/eu/?cat=tvlcd30, Stand: 04.11.2006.

[109] Vgl. Kotler, u. a., 2002, S. 66.

Transaktionsmarketing lautete die Devise, den Markt so gut wie möglich einzuschätzen, um in möglichst kurzer Zeit so viel wie möglich von einem Produkt zu verkaufen.

Die neue Vertriebsstrategie setzt auf Kunden als Partner und Informationsquelle, um ihnen die richtigen Produkte zum richtigen Zeitpunkt anbieten zu können.

Auch im Internet stellt nicht die Gewinnung von Neukunden, sondern deren langfristige Bindung die wahre Herausforderung dar. Hohe Start- und Akquisitionskosten rentieren sich nur, wenn der Kunde einen Teil dieser Kosten in Form von Lebenszeitwert übernimmt.

Die positiven Effekte der Kundenbindung hängen mit deren fundamentalen Ziel – aus Neukunden Stammkunden zu machen – zusammen. Kundenbindung wirkt direkt auf die ökonomischen Ziele des Unternehmens. Einige Fakten, die der Bindungsstärke zugeordnet werden können:

- Neukunden zu gewinnen kann fünf- bis zehnmal teurer sein, als Stammkunden zu halten und zu binden.

- Durchschnittlich wechseln zwischen 10 und 30 Prozent der Kunden pro Jahr den Anbieter.

- Gewinne könnten je nach Geschäftszweig um 25 bis 85 Prozent erhöht werden, wenn die Kundenabwanderungsrate nur um 5 Prozent sinkt.

- Erträge mit Stammkunden nehmen über die Dauer der Beziehung zu.[110]

Alle diese Fakten betreffen mehrere Bereiche des Unternehmens, sodass man nicht von einzelnen Aktivitäten sprechen kann. Grundsätzlich wird dieser Unterschied mit niedrigerem Aufwand, geringeren Kosten und weniger Streuverlusten bei Stammkunden begründet. Die wichtigsten Auswirkungen steigender Kundenbindung könnte man in

- umsatzsteigernden,

- kostensenkenden,

- wechselseitigen

Effekt unterteilen.[111]

All die wirtschaftlichen Auswirkungen sind in der Abbildung 26 dargestellt.

Die *Absatzsteigerung* ist sicher eine der wichtigsten Folgen der Kundenbindung, die in verschiedenen Formen auftritt. Man geht davon aus, dass Stammkunden öfters

---

[110] Vgl. Kotler, 2004, S. 85.

[111] Vgl. Ploss, D. (2001): Das Loyalitäts-Netzwerk: Wertschöpfung in einer neuen Wirtschaft. – Bonn: Galileo Press, S. 22.

einkaufen. Das ist zwar branchenabhängig, aber durch eine Kaufmusteranalyse kann man in dieser Richtung das Kaufverhalten verstärken.

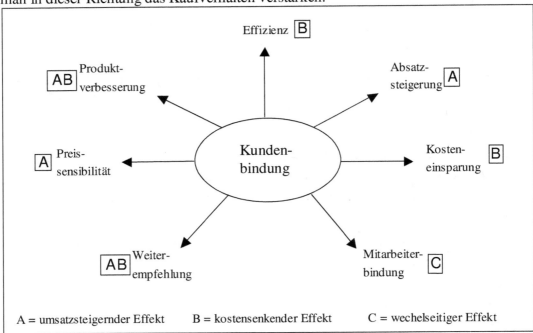

Abb. 26: Effekte der Kundenbindung[112]

Cross-Selling ist der Verkauf ergänzender Produkte, um den Umsatz zu erhöhen. Stammkunden werden auf Grund der guten Erfahrung auch auf andere Produkte zugreifen. Amazon verkauft mittlerweile nicht nur Bücher, sondern hat die Produktpalette unter anderem mit einem sehr umfangreichen Elektronik-, Haushaltwaren- und Spielwarenshop ergänzt. Zufriedene Kunden werden sicher auch in diesen Shops fündig.

Zur Absatzsteigerung trägt auch *Check-Average* bei. Damit ist die Verbesserung des Wohlstands und dadurch auch der Ausgaben gemeint. Ein Schüler bzw. ein Student z. B. muss eher sparsam mit Geld umgehen; wenn er aber gute Erfahrungen mit Büchern bei Amazon gemacht haben, kann davon ausgegangen werden, dass er später als Vollzeitbeschäftigter auch teurere Elektronik bestellen wird.

Wichtig ist bei allen diesen absatzsteigernden Effekten die Kaufhäufigkeit, die auch im Internet eine Hauptrolle bei der Kundenbindung spielt. Zielend auf den Wiederkaufanteil im Online-Handel wurde in der Internetbefragung die neben abgebildete Frage gestellt.

Wie die Abbildung 27 zeigt, ist die Anzahl der Wiederholungskäufer mit 90 Prozent sehr hoch. Auch die Anzahl der Online-Kunden mit sechs oder mehr Käufen im betrachteten Zeitraum mit 34 Prozent deutet an, dass im Online-Handel

---

[112] Quelle: In Anlehnung an Ploss, 2001, S. 22.

Stammkundenbildung möglich ist, denn es ist zu erwarten, dass diese Online-Käufer je nach Bedarf auch langfristig weiter beim gleichen Onlineshop einkaufen, solange sich die anderen Faktoren nicht verändern.

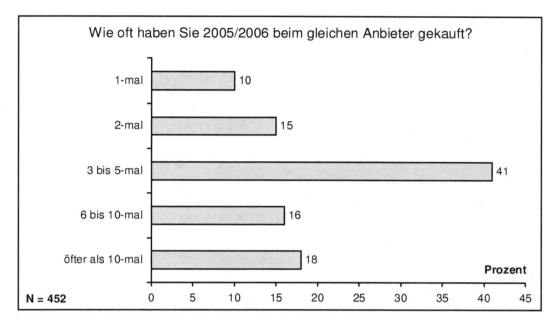

Abb. 27: Kaufintensität im Online-Handel[113]

Auch andere Studien bestätigen diesen Trend und kommen zu ähnlichen Ergebnissen. So liegt der Wiederkaufanteil der Online-Käufer mit sechs oder mehr Käufen in der ECC-Handel-Studie bei 88,4 Prozent.[114]

Die *Effizienz* in der Geschäftsabwicklung steigt. Während einer langfristigen Kundenbeziehung findet auch ein Kennenlernprozess zwischen Kunden und Unternehmen statt. Unternehmen kennen die Wünsche und Ansprüche der Kunden, und Kunden kennen die Leistungen und die Vorgehensweise des Unternehmens. Dadurch lassen sich Prozesse verkürzen, und die Geschäftsabwicklung erfolgt zunehmend reibungslos. Wenn man einen vertrauten Onlineshop ansteuert, entfallen die üblichen Fragen über Versand, Bezahlung oder Bestellvorgang. Man kennt die Funktionalität des Shops, man findet die Ware schnell, und die Gefahr eines Bestellabbruchs ist gering.

Für Unternehmen bedeutet so eine Stammkunden-Bestellung auch die Gewissheit, dass der Betrag sicher überwiesen wird und dass die Ware nicht umsonst reserviert wurde. Wenn unberechenbare Neukunden Waren bestellen, dann aber zu einem günstigeren Shop abwandern, ist die Ware eine Zeitlang gebunden und eventuell für andere Kunden nicht verfügbar.

---

[113] Quelle: Eigene Umfrage, 2006.

[114] Vgl. Hudetz, u. a., 2004, S. 19.

Kosteneinsparung entsteht dadurch, dass für Stammkunden keine Akquisekosten mehr anfallen und dass sie gezielt angesprochen werden können, wodurch die Streuverluste geringer sind. Die Akquisekosten werden für die Dauer der Kundenbeziehung abgeschrieben, daher wirkt die Kundenbindung in dieser Richtung kostensenkend. Wenn das Internet als Werbemedium genutzt wird, dann entstehen auch Kosten z. B. für Bannerwerbung.

Eine exemplarische Rechnung würde folgendermaßen aussehen:

Bannereinblendung	1.000.000	z. B. eine dreiwöchige Kampagne
Preis für 1000 Einblendungen	EUR 24,-	Bannerpreis von Geizhals.at[115]
Gesamtkosten der Kampagne	EUR 24.000,-	Schaltungskosten
Click-Through-Rate	1%	die übliche Rate von Besuchern, die auf Banner klicken
Click-Throughs	10.000	Einblendung x Click-Through-Rate
Kaufrate	1%	ein üblicher Prozentsatz der Besucher, die über Banner das beworbene Produkt kaufen.
Anzahl der Bestellungen	100	Click-Throughs x Kaufrate
Kosten für Neukundengewinnung	EUR 240,-	Kampagnekosten / Anzahl Bestellungen

Tab. 3: Eine Bannerkampagne[116]

Dieses vereinfachte Beispiel, das die Bannerentwicklungskosten gar nicht berücksichtigt, soll nur die möglichen Kosten zeigen, die durch den Umsatz zusätzlich abgedeckt werden müssen, nur um den Break-even-Point[117] zu erreichen. Anzumerken ist, dass der Bannerpreis je nach Größe, Platzierung und Bekanntheit der Website wesentlich höher sein und 70 Euro oder mehr betragen kann. Die finanzielle Analyse dieser Werbekosten zeigt, dass ein einmaliger Geschäftsabschluss ein Verlustbringer ist.

Durch teurere Produkte mit einem höheren Deckungsbeitrag pro Verkauf können diese Resultate verbessert werden, doch das ist für viele Unternehmen aufgrund ihres Produktsortiments nicht möglich. Die Senkung der Vertriebskosten ist ein anderer Weg, der aber im Online-Handel ohnehin optimiert ist. Folglich stellt die Kundenbindung eine überlegene Alternative für die Abschreibung der Werbekosten über die Kundenbindungsdauer dar.

---

[115] Siehe: ad-locator.net, http://www.tripple.net/ad%2Dlocator/mediaplaner/medien.asp?pnr=35, Stand: 04.11.2006.

[116] Quelle: In Anlehnung an WEBAGENCY (1999): Kosten der Neukundengewinnung: Bannerwerbung nicht effizient?, URL: http://www.webagency.de/infopool/marketing/bannereffizienz.htm, Stand: 04.11.2006.

[117] Break-even-Point ist in Wirtschaftswissenschaften der Punkt, an dem Erlös und Kosten gleich hoch sind und somit weder Verlust noch Gewinn erwirtschaftet wird.

Im Internet Zeitalter ist die *Weiterempfehlung* ein wichtiger Faktor geworden. Kunden informieren sich über Anbieter, tauschen Meinungen über Vorkommnisse aus und entscheiden erst dann, was wo gekauft wird. Zufriedene Kunden machen Gratiswerbung und schlüpfen somit unbewusst in die Rolle eines Verkäufers. Dadurch sinken noch einmal die Akquisekosten, denn diese Neukunden sind sozusagen gratis.

Auch die Weiterempfehlung wurde in der Umfrage gezielt abgefragt, wie das Ergebnis von Abbildung 28 zeigt. Obwohl Onlineshops viel in Werbung investieren, vertrauen Menschen einer persönlichen Empfehlung mehr als einer professionellen Werbeagentur.[118]

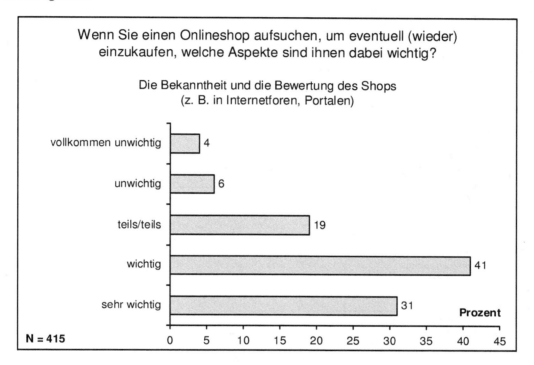

Abb. 28: Bedeutung von Kundenbewertungen[119]

Die *Preissensibilität* nimmt mit dem steigenden Grad der Zufriedenheit ab. Im Laufe der Zeit werden Wechselbarrieren aufgebaut, da ein zufriedener Kunde kein Risiko der Enttäuschung eingehen will. Er wird nach dem Motto – lieber etwas mehr bezahlen, als eventuell weniger zu bekommen – weiter beim alten Anbieter kaufen. Auch die Bereitschaft, Preise und Angebote zu vergleichen, nimmt ab. Bevor man den Anbieter wechseln würde, wäre man bereit, sogar von der ursprünglichen Entscheidung abzurücken und auch alternative Angebote zu akzeptieren, falls die Ware nicht lieferbar

---

[118] Vgl. Barlow, J.; Møller, C. (2003): Eine Beschwerde ist ein Geschenk: Der Kunde als Consultant. – Frankfurt; Wien: Redline Wirtschaft bei Verlag Moderne Industrie, S. 50.

[119] Quelle: Eigene Umfrage, 2006.

wäre. Hierzu gehören auch Vertragsbindungen, die mit Mehrkosten beim Ausstieg verbunden sind.[120]

Da eine Bestellung im Online-Handel nicht immer aus einem einzigen Produkt besteht, nimmt bei solchen Einkäufen gewöhnlich die Preissensibilität noch weiter ab. Der Kunde akzeptiert auch höhere Preise bei Einzelprodukten, solange der Durchschnittspreis nicht wesentlich höher liegt als der Durchschnitt aller Bestpreise. Kaum ein Kunde wird Waren oder Dienstleistungen verteilt bei den günstigsten Anbietern bestellen. Allein wegen der Versandkosten wäre diese Vorgehensweise unklug. Auch in der Internetbefragung, die dieser Arbeit zugrunde liegt, wurde besagte Betrachtungsweise gesondert ermittelt.

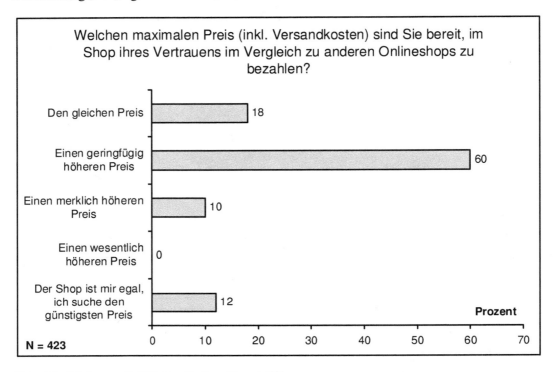

Abb. 29: Preissensibilität im Online-Handel[121]

Nur 12 Prozent der Probanden würden den günstigsten Shop aufsuchen. Der Anteil der Probanden, die bereit sind, im Shop ihres Vertrauens etwas mehr zu bezahlen, ist mit 70 Prozent relativ hoch. Anzumerken ist hier, dass die Akzeptanz für diese „geringfügig" „merklich" höheren Preise in Relation zum Warenpreis steht und auch eine subjektive Wahrnehmung ist. Je höher der Preis, desto größer wird auch dieser geringfügige Unterschied ausfallen.

---

[120] Vgl. Ploss, 2001, S. 25.

[121] Quelle: Eigene Umfrage, 2006.

Jeder Onlineshop kann an dieser Stelle Informationen sammeln und überprüfen, ob möglicherweise Artikel aus seinem Sortiment diese Geringfügigkeitsgrenze überschreiten. Besonders gute Dienste leisten diesbezüglich Online-Märkte wie z. B. eBay, die ihrerseits eine Preisbildungsfunktion erfüllen.

Die *Produktverbesserung und –entwicklung* lässt sich durch die Zusammenarbeit zwischen Unternehmen und Kunden beeinflussen. Stammkunden geben oft Anregungen oder haben Ideen, die zu Qualitätsverbesserungen führen können. Oftmals zeigen loyale Kunden Fehler auf, während andere Kunden schweigend den Anbieter wechseln. Kundenanregungen können auch Anstöße für neue Produkte beinhalten und somit einen Beitrag für eine kostengünstigere Produktentwicklung leisten. Ein Online-Händler, der regelmäßig mit Kunden kommuniziert, kann dementsprechend das Sortiment anpassen und somit marktgerecht agieren.

Mitarbeitertreue bringt Kostenvorteile. Zwischen Mitarbeitern und Kunden entwickeln sich im Laufe der Zeit ebenso persönliche Beziehungen, die für die Mitarbeiter als Bestätigung ihrer Tätigkeit dienen. Genauso können im Online-Handel Kontakte über E-Mail, Chat, Telefon oder Internetforen geknüpft werden. Ein positives Feedback von zufriedenen Stammkunden steigert die Motivation der Mitarbeiter und damit auch deren Loyalität dem Unternehmen gegenüber.

Mitarbeiter zu suchen kostet Zeit und Geld, dazu kommen noch die Ausbildungs- oder Einschulungskosten. Tatsache ist, dass auch die Effizienz der Mitarbeiter steigt, je länger sie im Unternehmen tätig sind. Diese Effizienz trägt wiederum zur Gewinnung von Neukunden bei. „Unternehmen mit einer hohen Mitarbeiterfluktuation haben fast immer eine ebenfalls sehr hohe Kundenfluktuation, während bei Unternehmen mit ausgeprägter Mitarbeitertreue das Gegenteil zu beobachten ist."[122]

---

[122] Ploss, 2001, S. 30.

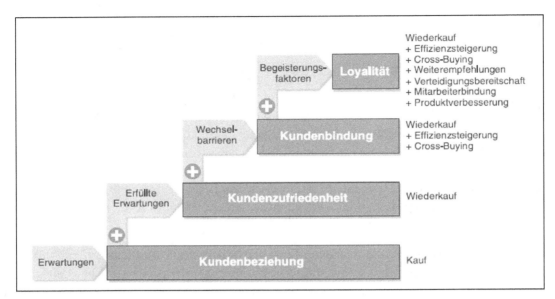

Abb. 30: Stufen des Erfolgs[123]

Zusammenfassend kann man sagen, dass die Kundenbindung im Online-Handel von großer Bedeutung ist. Auch im Online-Handel gilt die Maxime, aus einfachen Kundenbeziehungen loyale Kunden zu gewinnen, als Weg zum Erfolg, denn Kundenbindung und -treue kann man nicht kaufen. Das Bewusstsein dieser Notwendigkeit soll daher helfen, neue Wege zu finden, um die höchste Stufe der Kundenbindung zu erreichen, nämlich die Loyalität.

Die Abbildung 30 zeigt übersichtlich alle Vorteile, die mit der Kundenbindung erreicht werden können. Die Weiterentwicklung der Kundenbindung führt zur Loyalität, die wie in diesem Abschnitt gezeigt wurde, besonders im Online-Handel überlebenswichtig ist.

4.2.1 Kennzahlen zur Kundenbindung

Wie wir bis jetzt gesehen haben, sind die Zufriedenheit und die Wechselbarrieren die wichtigsten Faktoren für die Entstehung der Kundenbindung. Die Erkenntnis, dass die Zufriedenheit einerseits ein subjektiver Faktor ist, andererseits nicht gleich Kundenbindung bedeutet, stellt uns vor eine wichtige Frage: Kann man die Kundenbindung überhaupt messen?

Man sollte außerdem bedenken, dass auch die Produktlebensdauer eine Rolle spielt. Ein Fernseher hat eine Lebensdauer von 6 bis 8 Jahren. Daher kann man nicht erwarten, dass Kunden ihren Fernseher „malträtieren", nur um aus Loyalität einen neuen zu kaufen.

---

[123] Quelle: Ploss, 2001, S. 33.

Dieser Abschnitt soll nicht Messverfahren mathematisch erläutern, sondern einen Überblick über verschiedene Kennzahlen darstellen.

Customer Lifetime Value oder Kundenwert wird als betriebswirtschaftliche Kennzahl herangezogen. Damit wird der kumulierte Gewinn über die gesamte Kundenbeziehungsdauer angegeben. Basis für die Berechnung des Customer Lifetime Value sind die Akquisitionskosten, die einzelnen Kundendeckungsbeiträge pro Jahr und der Diskontierungssatz. Die Bedeutung des CLV als wesentliche Kennzahl zur Bewertung von Unternehmen steigt allmählich.[124]

Kundenbindungsrate: Mit der Kundenbindungsrate ist ein Prozentsatz der aktiven Stammkunden nach einer bestimmten Periode gemeint. Als Periode wird grundsätzlich ein Jahr gerechnet. Die Kundenbindungsrate zeigt die Kundenverluste im Laufe einer Kundenbeziehung an. Am Anfang einer Kundenbeziehung gehen in der Regel sehr viele Kunden wieder verloren, während die Kundenbindung im Laufe der Kundenbeziehungsdauer steigt.

Kundenbeziehungsdauer oder Kundenlebenszeit gibt die Dauer der Kundenbeziehung in Jahren an. Eine Kundenbeziehungsdauer von z. B. 5 Jahren bedeutet, dass der Kunde nach 5 Jahren verloren geht. Daraus kann man auch die durchschnittliche Kundenbeziehungsdauer errechnen.

$$\varnothing \text{ Kundenbeziehungsdauer} = 1 / (\textstyle\sum \text{Kundenbindungsraten} / \text{Zähljahre})$$

Die wirtschaftlichen Folgen dieser Kennzahlen wurden weiter oben in diesem Abschnitt eingehend erläutert. Grundsätzlich lässt sich sagen, dass die Kundenzufriedenheit als Basis der Kundenbindung eine subjektive Größe ist, die komplex aus Kundenservice, Produktqualität, Nutzenerwartung und -erfüllung entsteht. Wichtig ist, die Gründe für diese Kennzahlen zu eruieren und dagegen zu steuern. Man kann auch mit einer Nachbesserung Kunden zufriedenstellen.

Die *ABC-Analyse* ist eine klassische, oft verwendete Klassifizierung, welcher der Umsatz mit dem Kunden als Bewertungskriterium zugrunde liegt. Basierend auf dem sogenannten Pareto-Prinzip oder der 80/20-Regel werden mit lediglich 20 Prozent der Kunden 80 Prozent des Umsatzes erzielt. So lassen sich Kunden nach Umsatz und Kauffrequenz in eine Rangfolge wie z. B. sehr wichtige, wichtige und weniger wichtige oder A-, B- und C-Kunden differenzieren.[125]

Dadurch könnte man seine Ressourcen auf die wertvolleren Kunden konzentrieren, allerdings sagt diese Methode nichts über das verborgene Umsatzpotenzial aus, das sich noch entwickeln könnte. Außerdem birgt das Internet die Gefahr, dass beispielsweise B-

---

[124] Vgl. Loyaltix: Customer Lifetime Value (CLV), URL: http://www.loyaltix.at/faq/one?faq_id=50&show_entry_id =55#list_55, Stand: 05.11.2006.

[125] Vgl. Kenzelmann, 2005, S. 96.

und C-Kunden von den kundenspezifischen Maßnahmen der A-Kunden erfahren und dieses Verhalten als unfair empfinden.

Daher sollten alle Kunden wertgeschätzt werden, auch wenn sie nicht viel kaufen, und allen sollte das Gefühl vermittelt werden, dass sie wichtig sind.

5 Die Phasen der Kundenbindung im Online-Handel

5.1 *Die Erfolgsspirale*

Das Internet, das ohne persönlichen Kontakt auskommt, stellt die Kundenbeziehung vor besondere Schwierigkeiten, denn man erhält selten eine Chance, noch einmal nachzufragen. Daher ist es im Online-Handel entscheidend, den Kunden in den Mittelpunkt zu stellen, denn Kunde ist derjenige, der nach einem Onlineshop sucht, sich überzeugt, einkauft und nach einer Kosten-Nutzen-Analyse wiederkauft.

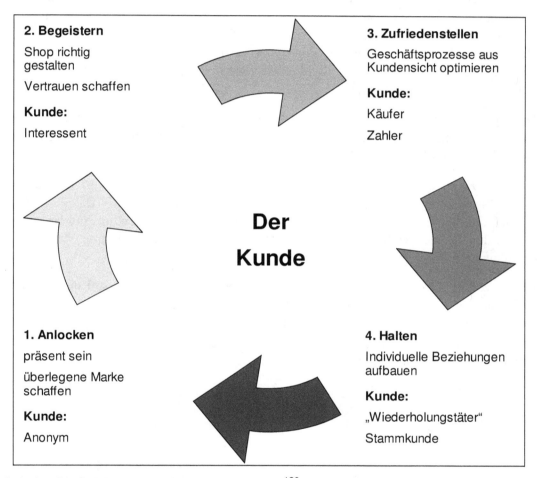

2. Begeistern

Shop richtig gestalten

Vertrauen schaffen

Kunde:

Interessent

3. Zufriedenstellen

Geschäftsprozesse aus Kundensicht optimieren

Kunde:

Käufer

Zahler

Der Kunde

1. Anlocken

präsent sein

überlegene Marke schaffen

Kunde:

Anonym

4. Halten

Individuelle Beziehungen aufbauen

Kunde:

„Wiederholungstäter"

Stammkunde

Abb. 31: Die Erfolgsspirale des Online-Handels[126]

Die obige Abbildung schildert vier Phasen, die nicht voneinander getrennt werden können, weil es sich um einen wiederkehrenden Kreislauf handelt, in dem alle angeführten Aspekte in einer Wechselbeziehung zueinander stehen.

---

[126] Quelle: In Anlehnung an Fritz, 2004, S. 301.

Das Internet stellt ein „Pull-Medium" dar, das heißt, der Internetnutzer kann selber entscheiden, ob und wann er sich welche Informationen beschaffen möchte. In der Phase des Anlockens besteht die Aufgabe eines Online-Anbieters darin, dem Internetnutzer die gewünschten Informationen so vorzubereiten, dass er sie leicht findet.

Da auch zufriedene Kunden den Shop bis zur nächsten Bestellung wieder vergessen, ist es wichtig, bei ihnen permanent in Erinnerung zu bleiben. Ein gelungener ständig aktualisierter Webauftritt sowie die Schaffung einer überlegenen Marke regen sowohl Neukunden als auch Stammkunden an, das Shop-Angebot in Anspruch zu nehmen.

Hat der Kunde erst einmal den richtigen Online-Anbieter gefunden, folgt die Phase des Begeisterns. Hierbei steht nicht nur das Angebot im Vordergrund, sondern auch andere umfangreiche Elemente. Suche, Navigation, Kontaktaufnahme, die Produktansichten und folglich der Bestellprozess sind mitentscheidend für das Kaufverhalten der Kunden. Die dritte und nahezu wichtigste Phase der Erfolgsspirale soll einen Kunden auch längerfristig zufriedenstellen. Individualität, Sortimentspalette, Bequemlichkeit und Schnelligkeit prägen diese Phase.

Die Optimierung dieser zusammenhängenden Geschäftsprozesse aus Kundensicht kann zur Zufriedenheit führen, denn erst nach zwei bis drei positiven Kauferlebnissen entsteht die Basis für eine Kundenbindung.[127]

Um den Kunden dauerhaft zu halten, ist die vierte Phase notwendig, die auf die nachhaltige Erhöhung der Wechselkosten des Kunden abzielt. Dazu gehören Kernpunkte wie die Sammlung und Aufbereitung der Kundendaten, um Informationen gemäß den Kundenbedürfnissen bereitzustellen und um kundenorientierte Maßnahmen einzuleiten.[128]

Die einzelnen Phasen zeigen, dass Anforderungen an Warenkenntnis, Kundenservice und Marktkenntnis genauso wie im stationären Handel auch im Internet notwendige Erfolgsvoraussetzungen sind, denn auch der Online-Kunde möchte gut behandelt werden. Die Erfolgsspirale wird entscheidend durch drei bestimmte Faktoren beeinflusst, die hinreichend erfüllt sein müssen.

-        Content

-        Community

-        Commerce

Der Erfolgsfaktor Content beschäftigt sich vor allem mit der Abgrenzung der Inhalte gegenüber anderen Marktplätzen. Wichtig dabei ist, unverwechselbare Inhalte zu schaffen, die sich von anderen Verkaufslösungen der gleichen Produktkategorie

[127] Vgl. Fritz, 2004, S. 302.

[128] Vgl. Fritz, 2004, S. 303.

hervorheben. Diese können in der Vielfältigkeit der Produkte, in den Zusatzleistungen oder auch in interessanten und unterhaltenden Zusatzinformationen, die im Abschnitt 3.2.1 unter der Produktpolitik zusammengefasst wurden, bestehen.

Außerdem wurde im Abschnitt 3.2.3 die Rolle der Kommunikationspolitik im Kundenbeziehungsmanagement als einer der Erfolgsfaktoren des Internetverkaufs dargelegt. In diesem Kontext stellen die Kunden-Communities einen wichtigen Kommunikationskanal für den Informationsaustausch über Produkte und Dienstleistungen dar.

Commerce hängt entscheidend von den beiden obigen Faktoren ab. Je besser die Inhalte und je stärker die Kundenbindung, desto mehr kann man über einen Onlineshop oder über eine Webseite verkaufen. Zusammenhänge für den Internetnutzer ergeben sich aus Content, Community und Commerce, denn durch die Inhalte werden Interessierte auf die Seite aufmerksam, die Community bindet sie und über den Commerce entstehen die Umsätze.

Somit kann die Erfolgsspirale nur als dynamischer Prozess verstanden werden, der mit zunehmender Informationstiefe zu einem jeweils höheren Punkt bezüglich des Commerce-Faktors gelangen sollte.

Was bedeutet das konkret für ein Unternehmen?

- *Besucherakquisition:* Wie kommen viele neue Besucher möglichst kostengünstig auf die Webseite?

- *Neukundengewinnung:* Wie kann man aus den neuen Besuchern Neukunden machen?

Die beschriebenen Phasen stellen nur Ansatzpunkte für Maßnahmen zur Besucherakquisition und Kundenbindung dar. Im folgenden Kapitel werden Kundenbindungsinstrumente einzeln abgehandelt und die folgenden Fragen beantwortet:

- *Kundenbindung:* Welche Instrumente kann man einsetzen, um Neukunden an das Unternehmen zu binden?

- *Kundenrückgewinnung:* Wie kann man unzufriedene Kunden zurückgewinnen?

5.2 *Präsent sein – Besucherakquisition*

Das Ziel jeder Marketing-Aktion ist die Kundengewinnung oder die Kundenbindung. Im Internet ist es entscheidend, auf eine Weise präsent zu sein, sodass Kunden auf das Unternehmen aufmerksam werden und dann regelmäßig aus eigenem Interesse zur Webseite zurückkehren.

Im stationären Handel wird diese Problematik folgendermaßen gelöst: „Im Einzelhandel gibt es eine alte Regel, nach der der Erfolg eines Geschäfts von vier Faktoren abhängen soll, wobei als erstes der Standort genannt wird. Ohne einen geeigneten Standort kein Erfolg! Als zweiter, dritter und vierter Erfolgsfaktor werden dann der Standort, der Standort und der Standort aufgelistet."[129]

Was bedeutet nun diese These für den Online-Handel? Gilt sie nicht mehr? Für den stationären Handel ist die Lage sehr wichtig, da sie der Garant für eine hohe Besucherfrequenz ist.

Im Internet ist es allerdings nicht so einfach, denn selbst wenn der Internetauftritt gut gelungen ist, aber niemand die Webseite kennt, so ist das von keinem Nutzen. Während im stationären Handel eine Filiale oft passiv im Vorbeigehen wahrgenommen wird, ist der Kunde im Internet aktiv; er sucht, agiert und entscheidet oft ganz anders als der „offline" Kunde. Zwar haben Onlineshops, die auch stationär präsent sind, einen leichten Vorteil, da man eine namensähnliche Internetadresse vermutet und diese durch direktes Eintippen erreichen kann. Aber wie auch die Befragung zeigt, werden Onlineshops nicht primär durch die stationäre Anwesenheit gefunden.

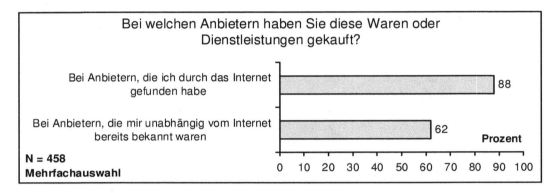

Abb. 32: Stationär vs. Internet[130]

Die obige Frage richtete sich nur an Teilnehmer, die mindestens einmal Waren oder Dienstleistungen online gekauft oder bestellt haben. So waren zwar 62 Prozent der Onlineshops unabhängig vom Internet bekannt, aber 88 Prozent der Befragten gaben an, dass sie die gewählten Onlineshops durch das Internet gefunden haben. Das zeigt, von welch großer Bedeutung es ist, im Internet überhaupt gefunden zu werden.

Um in der Flut von Onlineshops wahrgenommen zu werden, bedarf es mehr als nur einer einzigen guten Geschäftsidee, denn dass sich zufällig jemand auf eine Webseite „verirrt", ist zwar möglich, doch darf man keinesfalls darauf hoffen, geschweige denn das Geschäft darauf aufbauen.

---

[129] Müller-Hagedorn, 1998, S. 380.

[130] Quelle: Eigene Umfrage, 2006.

Die Abbildung 33 zeigt, dass die Suchmaschinen mit 30 Prozent zusammen mit den Preissuchmaschinen mit 18 Prozent eine vorherrschende Position eingenommen haben.

Die *Suchdienste* wurden mittlerweile sehr ausgeweitet und sind wesentlich spezifischer geworden. Inzwischen existieren über 2589[131] spezielle deutschsprachige und länderspezifische Suchmaschinen, Kataloge, Verzeichnisse und Linksammlung. Daher stellt die Klassifikation in „Suchmaschinen" und „Preissuchmaschinen" nur eine vereinfachte Gruppierung dar.

---

[131] Siehe: Das Suchlexikon, http://www.suchlexikon.de, Stand: 24.11.2006.

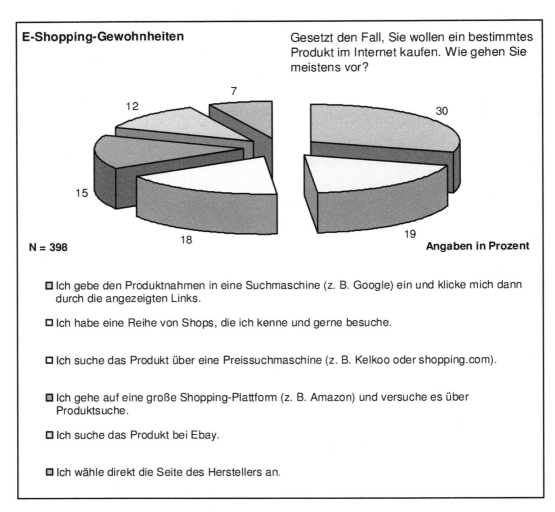

E-Shopping-Gewohnheiten

Gesetzt den Fall, Sie wollen ein bestimmtes Produkt im Internet kaufen. Wie gehen Sie meistens vor?

N = 398

Angaben in Prozent

☐ Ich gebe den Produktnahmen in eine Suchmaschine (z. B. Google) ein und klicke mich dann durch die angezeigten Links.

☐ Ich habe eine Reihe von Shops, die ich kenne und gerne besuche.

☐ Ich suche das Produkt über eine Preissuchmaschine (z. B. Kelkoo oder shopping.com).

☐ Ich gehe auf eine große Shopping-Plattform (z. B. Amazon) und versuche es über Produktsuche.

☐ Ich suche das Produkt bei Ebay.

☐ Ich wähle direkt die Seite des Herstellers an.

Abb. 33: E-Shopping-Gewohnheiten – Produktsuche[132]

Anzumerken ist, dass die Suchgewohnheiten je nach Produktgruppe unterschiedlich sind. Besonders im Technik- und Computerbereich haben die Preissuchportale durch die verschiedenen Sortier- und Vergleichsfunktionen mehrere Vorteile gegenüber allgemeineren Suchmaschinen. Bei der diesbezüglich durchgeführten Internetbefragung, die technisch orientiert war, werden die Ergebnisse in der folgenden Abbildung dargestellt.

---

[132] Quelle: Novomind AG (2006): Berichtsband E-Shopping-Trend 2006: Was Kunden wirklich wollen, Studie, abrufbar im Internet, URL: http://www.essen.ihk24.de/servicemarken/branchen/Handel/Handel_Innovation /E-Shopping-Trend_2006.jsp, Stand: 11.01.2007, S. 15.

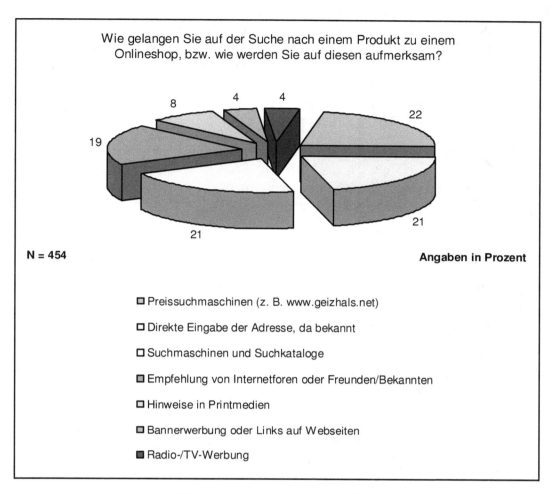

Abb. 34: Onlineshop-Suche[133]

Man kann klar erkennen, dass Teilnehmer, die überwiegend angegeben haben, Hardware oder Elektronik-Artikel über das Internet zu kaufen, auch vermehrt Preissuchmaschinen nutzen. In beiden Abbildungen stellen die Suchmaschinen und die Preissuchmaschinen einen bedeutenden Anteil des Akquisepotenzials dar, daher ist eine Top-Platzierung für Onlineshops sehr wichtig. Die Wege dorthin sind umfangreich und werden daher in einem folgenden Abschnitt gesondert abgehandelt.

Die *Empfehlung von Freunden, Bekannten oder Internetforen* ist ein wichtiger Weg, der der Kundenbindung zugeordnet wird, da ein Shop nur dann weiterempfohlen wird, wenn er sich durch einen bestimmten Nutzen von den Shops der Konkurrenz abhebt. Diese Rolle wurde im Abschnitt 4.2 unter der Bedeutung der Kundenbindung beschrieben.

---

[133] Quelle: Eigene Umfrage, 2006.

Von Belang ist auch die *direkte Eingabe der Adresse*, die die Kunden bereits kennen. 19 Prozent der Antworten in der Abbildung 33, und 21 Prozent der Antworten in der Abbildung 34 zeigen an, dass bereits bekannte Adressen bzw. Onlineshops gewählt wurden. Somit handelt es sich bei diesen Kunden entweder um Stammkunden des Onlineshops oder um Verbraucher, die den Namen des Händlers aus dem Versandhandel oder durch stationäre Filialen kennen und daher die richtige Internetadresse erahnt haben.

Das heißt, unter www.quelle.de wird das Versandhaus Quelle vermutet. Genau darin liegen die Vorteile der Multi-Channel-Anbieter. Dieser Vorteil schmilzt allerdings, weil auch „Pure Player" bzw. reine Online-Händler mit der Zeit bekannt werden und dann zur Gruppe der gern besuchten Shops gehören.

Die Verwendung einer aussagekräftigen und verständlichen Internetadresse ist dabei ausschlaggebend, denn die Internetpräsenz beginnt mit der URL, deren Einprägung richtungsweisend für die Zukunft ist. Die URL Adresse ist auch der erste Schritt, um eine überlegene Marke zu schaffen, denn es ist unbestritten, dass eine wohlklingende Internetadresse gepaart mit einer ausgefeilten Corporate Identity dafür sorgen, dass die Besucher den Onlineshop wieder erkennen und sich als möglichen Anlaufpunkt merken.

Die Wechselwirkungen, die durch Nutzung mehrerer Vertriebskanäle entstehen, werden weiter unten im Einzelnen unter der Rubrik Multi-Channel-Vertrieb analysiert, denn gemäß Abbildung 33 erreichen 15 Prozent ihren Händler über Shopping-Plattformen und 12 Prozent über eBay.

Die Bedeutung von *Printmedien* mit 8 Prozent der Antworten ist für die Besucherakquisition von Onlineshops bei Usern nicht unbedeutend. Daher sollte bei Werbemaßnahmen in Printmedien immer auch die Internet-Adresse eingegeben werden. Wenn diese Maßnahmen ausschließlich eingesetzt werden, um die Besucherzahl von Onlineshops zu erhöhen, dann kann die Kundenakquisition allerdings teuer werden.

Die *Bannerwerbung* ist zwar weit verbreitet, ist aber sehr kritisch zu betrachten. Die Reichweite kann, je nach Produktgruppe und Interneterfahrung des Nutzers, gering sein, wie beispielsweise nur 4 Prozent der aktuellen Umfrage auf die Bannerwerbung fallen.

Im Abschnitt 4.2 wurde eine exemplarische Rechnung über die Kosten der Bannerwerbung durchgeführt. So wären die Kosten für die Besucherakquisition im genannten Beispiel bei einem Tausenderkontaktpreis von 24 Euro und einer Click-Through-Rate von 1 Prozent 2,4 Euro pro Besucher. Das bedeutet, dass man für 24 Euro 1000 Internetnutzer erreicht, von denen allerdings nur 10 auf den Banner klicken und so zum Onlineshop gelangen. Bei einem Bannerpreis von 70 Euro erreichen diese Kosten bereits 7 Euro pro Besucher, wohlgemerkt ohne die Entwicklungskosten, die noch dazugerechnet werden müssten.

In einer Zeit, in der Konsumenten einer kontinuierlichen Informationsflut ausgesetzt sind, wird die übliche Werbung gern übersehen, weshalb die Aufmerksamkeit der Kunden nicht mehr leicht zu wecken ist.

Außerdem sind Zeit und Aufnahmefähigkeit der Verbraucher begrenzt, sodass Kunden immer zielgenauer nach Produkten und Dienstleistungen suchen.

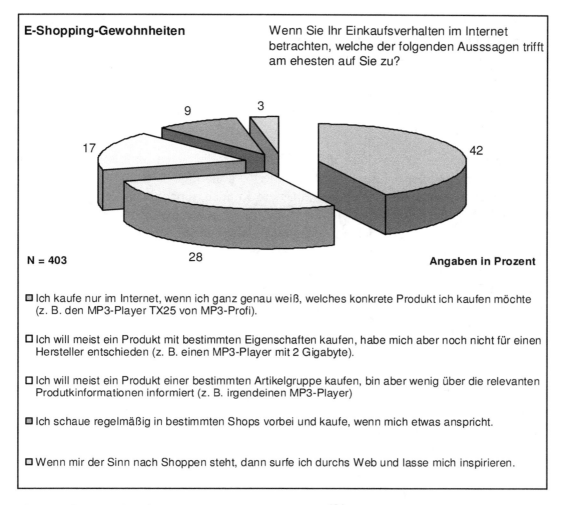

E-Shopping-Gewohnheiten

Wenn Sie Ihr Einkaufsverhalten im Internet betrachten, welche der folgenden Ausssagen trifft am ehesten auf Sie zu?

N = 403

Angaben in Prozent

☑ Ich kaufe nur im Internet, wenn ich ganz genau weiß, welches konkrete Produkt ich kaufen möchte (z. B. den MP3-Player TX25 von MP3-Profi).

☐ Ich will meist ein Produkt mit bestimmten Eigenschaften kaufen, habe mich aber noch nicht für einen Hersteller entschieden (z. B. einen MP3-Player mit 2 Gigabyte).

☐ Ich will meist ein Produkt einer bestimmten Artikelgruppe kaufen, bin aber wenig über die relevanten Produktkinformationen informiert (z. B. irgendeinen MP3-Player)

☑ Ich schaue regelmäßig in bestimmten Shops vorbei und kaufe, wenn mich etwas anspricht.

☐ Wenn mir der Sinn nach Shoppen steht, dann surfe ich durchs Web und lasse mich inspirieren.

Abb. 35: E-Shopping-Gewohnheiten – Kaufverhalten[134]

Die Ergebnisse der Novomind AG Studie aus der Abbildung 35 über die Vorgehensweise der Konsumenten beim online Einkaufen zeigen, dass 42 Prozent der Kunden die genaue Produktbezeichnung kennen und gezielt danach suchen. Weitere 28 Prozent kennen schon einige wichtige Produkteigenschaften, haben sich aber noch nicht end-gültig auf einem bestimmten Hersteller festgelegt. Es handelt sich hier größtenteils um mündige Konsumenten, die schwer über Banner zu erreichen sind.

Der eingeblendete Banner müsste derart effektvoll sein, dass der User gar nicht anders kann, als auf die Einblendung sofort zu reagieren, um den geweckten Wunsch zu befriedigen. Daher kann Bannerwerbung keine Kunden garantieren, aber sie kann

---

[134] Quelle: Novomind AG, 2006, S. 14.

eingesetzt werden, um den eigenen Bekanntheitsgrad zu erhöhen, um Neuheiten zu verbreiten und um zu informieren.[135]

Während das Suchmaschinen-Marketing niedrige Streuverluste und aktives Nutzerverhalten aufweist, ist die Bannerwerbung eine Aktivität des Unternehmens mit passivem Nutzerverhalten und hohen Streuverlusten. Passives Nutzerverhalten bedeutet auch Gefahr, dass der Banner, der ständig und langfristig wiederholt wird, zwar kurz Aufmerksamkeit erregt, anschließend aber Frust beim User erzeugt. Jeder, der die Website besucht, bekommt den Banner zu sehen, unabhängig davon, ob er daran Interesse hat oder nicht.

Eine andere Akquiseform ist das *Affiliate Programm*, das einen Link auf Partnerseiten ähnlich dem Banner darstellt. Dank der Partnerunterstützung können neue Vertriebsnetze im Internet entstehen und andere Kundengruppen angesprochen werden. Potenzielle Kunden informieren sich über die für sie relevanten Themen überwiegend über Foren, Portale und Ähnlichem, selten aber über Websites von Unternehmen. Daher bietet sich in diesen thematisch passenden Websites eine ausgezeichnete Chance, Besucher auf sich aufmerksam zu machen. Der Unterschied zu anderen Werbeformen besteht in der Form der Vergütung, denn im Affiliate Programm ist Pay-per-Sale weit verbreitet, das heißt, Provision wird erst dann bezahlt, wenn der Kunde Umsatz generiert. Somit ist das Affiliate Programm genau steuerbar und kosteneffizient, denn Streuverluste wie bei der Bannerwerbung oder bei anderen Werbeformen treten dadurch nicht auf.

Radio- und Fernsehwerbung hat für die Kundenakquisition wenig Bedeutung und wird wegen der hohen Kosten nur von sehr großen Unternehmen oder Herstellern praktiziert, und auch das meistens nur bei der Einführung neuer Produkte oder bei besonderen Angeboten.

5.2.1 Suchmaschinen-Marketing

All die umfangreichen Maßnahmen zur Gewinnung von Besuchern als Ergebnisse der Suchmaschinen können als Suchmaschinen-Marketing bezeichnet werden. Der Suchmaschinenmarkt ist unübersichtlich, denn die Anzahl der Anbieter ist groß, und viele Suchmaschinen sind miteinander vernetzt, daher ist es wichtig, die Vorgehensweise auf die meistgenutzten Suchquellen zu konzentrieren. Zweifelsohne übernimmt Google mit über 87 Prozent, wie in der Abbildung 36 gezeigt wird, eine Spitzenposition ein, gefolgt von Yahoo und MSN. Daraus resultiert, dass eine gute Listung bei diesen drei Suchmaschinen auf alle Fälle ausreichen würde, um eine Abdeckung der Suchanfrage von über 90 Prozent zu erreichen.

---

135 Vgl. Stolpmann, M. (2002): Der (Un-)Sinn der Bannerwerbung, 30.01.2002, URL: http://www.edings.de/index. php/blog/comments/eentry00008.html, Stand: 25.11.2006.

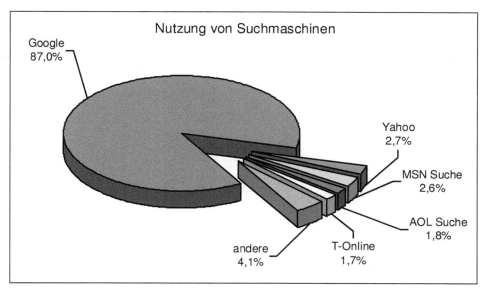

Abb. 36: Nutzung von Suchmaschinen[136]

Grundsätzlich existieren zwei Wege, um in den Suchmaschinen präsent zu sein: Die teuer bezahlte Werbung und die Suchmaschinen-Optimierung. Erstere erscheint in Form von „Sponsored Link" und wird in der Regel pro Klick auf „den Treffer" bezahlt. Bei Google heißen diese „Anzeigen" bzw. sind als AdWords bekannt und werden wie die Treffer der Suchanfrage abhängig von gewählten Suchwörtern entweder oben oder am rechten Rand eingeblendet und extra markiert.

Es werden auch AdWords mit dynamisch generierten Anzeigetexten angeboten. Hierbei wird ein Platzhalter in den Anzeigetext gesetzt, der dann durch den jeweiligen Suchbegriff ersetzt wird. Somit erscheint in der Anzeige immer das gesuchte Wort. Der Vorteil bei dieser Form ist die Hervorhebung der gesuchten Wörter und folglich die höhere Klickrate.

Die Kosten können allerdings schnell steigen, da die Preise für dementsprechende Einträge je nach Relevanz des Suchwortes von wenigen Cent bis zu mehreren Euro pro Klick variieren können.[137]

Außerdem hat diese Werbeform nur begrenzten Erfolg, da die Streuverluste sehr hoch sind, denn weniger als 10 Prozent der Suchenden klicken auf die AdWords.[138]

---

[136] Quelle: http://www.webhits.de, Stand: 19.11.2006.

[137] Vgl. DDV (Hrsg.) (2005b): Suchmaschinenmarketing, Start in den Dialog, 2. Aufl. – Wiesbaden, abrufbar im Internet, URL: http://www.ddv.de/shop/download/index.php, Stand: 04.01.2007, S. 7.

[138] Vgl. Weblions (2005): Die drei Säulen des Online-Marketings, E-Book, abrufbar im Internet, URL: http:// www.web-lions.de/e-books/online-marketing.php, Stand: 22.11.2006, S. 7.

Wichtig ist dabei die Relevanz der Keywords für die Webseite, da ansonsten der Link von Internetnutzern als irrelevante Werbung ignoriert wird. Besonders dynamische Anzeigen, die in diesem Zusammenhang unpassende Sätze generieren oder Verweise zu nutzlosen eBay-Auktionen hervorbringen, führen zu geringerer Akzeptanz der User.

Abb. 37: Google Suche[139]

Der zweite und effektivere Weg ist die Suchmaschinen-Optimierung, die ihrerseits wieder zwei Seiten beinhaltet, nämlich die qualitative Verlinkung und die Optimierung der Inhalte. Nach wie vor ist die Verlinkung ein wertvolles Mittel, um in kurzer Zeit ein gutes Ranking zu erreichen.

Wenn möglichst viele Webseiten auf eine bestimmte Webseite verlinken, dann nehmen die Suchmaschinen an, dass es sich um eine wichtige Seite handeln muss. Allerdings ist nicht die Quantität, sondern die Qualität entscheidend, denn Links von hoch im Ranking stehenden und thematisch relevanten Seiten beeinflussen die verlinkte Webseite positiv. Folgerichtig hat die Bannerwerbung keinen Einfluss auf das Ranking, denn diese Links zeigen meistens auf den Server der Werbeagentur, durch den die Weiterleitung erfolgt.

Optimierung der Inhalte bedeutet, zunächst nachzuforschen, welche Suchbegriffe die Internetnutzer überhaupt gebrauchen, um diese Begriffe als Schlüsselwörter bzw. Keywords zu definieren. Die meisten Suchmaschinen aktualisieren ihre Verzeichnisse automatisch, wobei immer bessere Kontrollmechanismen entwickelt werden, um die Treffsicherheit zu erhöhen und um Tricks zu erkennen. Content ist in diesem

---

[139] Quelle: http://www.google.de/search?hl=de&Einbauherd&btnG=Suche&meta=lr%3Dlang_de, Stand: 22.11.2006.

Zusammenhang sehr bedeutend, denn sowohl der Internetnutzer als auch die Suchmaschine werden immer wieder von vielen neuen und relevanteren Inhalten beeinflusst.

Inaktive Seiten verlieren nach einigen Wochen an Gewicht. Deshalb sollten die Schlüsselwörter nicht nur im Text, sondern auch im Titel vorhanden sein und thematisch zum Inhalt passen.

Um Keywords, Seitentitel und eine kurze Beschreibung unterzubringen, besteht im Head der HTML-Datei eine gute Möglichkeit, wobei es auch hier auf die Anzahl zu achten gilt, denn ab einer gewissen Anzahl unterstellen die Suchmaschinenbetreiber Spamming, und die Seite könnte aus dem Index gelöscht werden. Daraus resultiert auch ein anderes wichtiges Kriterium, dass die Texte stets auch in HTML-Format vorhanden sein sollen. Mit HTML stehen noch andere Hilfsmittel wie die Überschriften zur Verfügung, denn die Suchmaschinen bewerten Schlüsselwörter in Überschriften höher als im normalen Text. So z. B. wird die Überschrift

```
<h1>Überschrift</h1>
```

mehr gewichtet als ein Inline-Element

```
<span class="large">Überschrift</h2>
```

im Text.[140]

Auch Links sollten immer als HTML-Links eingebaut werden und für die Suchmaschinen erreichbar sein, denn sonst werden sie über Suchmaschinen gar nicht gefunden. JavaScript bietet zwar eine bequeme Möglichkeit für die Navigation durch einen „onClick"-Handler, aber die Suchmaschinen besitzen keine JavaScript-Unterstützung und überspringen das Skript. Somit bleiben die verlinkten Seiten für die Suchmaschinen unsichtbar.

Abhilfe schafft eine Sitemap, die den Spidern, die automatisch alle Inhalte im Internet durchsuchen, analysieren und indexieren, die Möglichkeit gibt, ohne Umwege alle Inhalte zu erfassen, was die Zuordnung erheblich vereinfacht.

Da kaum ein Shop heutzutage ohne dynamische Inhalte auskommt, ist auch diesbezüglich eine Optimierung wichtig. Dynamische Seiten, die mit einer statischen Seite verlinkt sind, oder wenn der Link weniger Parameter enthält, werden von Suchmaschinen aufgenommen, sogar über mehrere dynamische Seiten hinweg. Problematisch ist dabei die Parameterübergabe, die an „&" oder „?" in der URL erkennbar und bei Onlineshops oft sehr lang ist. Dies führt zu Problemen bei der Suche, weil Suchmaschinen Parameter wie „id=" nicht weiter verfolgen.

[140] Vgl. Schlenker, M. (2006): Bei Google & Co. ganz nach oben, in: webselling, o. Jg., Heft 3, S. 17.

Um jedem Besucher einen individuellen Warenkorb zuordnen zu können, verwenden Shopsysteme sogenannte Session-Ids, die als Parameter in der URL übergeben werden und somit die Cookie-Sperre übergehen.

Diese URL kann dann so aussehen:

```
http://www.os-commerce.de/product_info.php/
cPath/1_8/products_id/9?osCsid=428166b6a41a80cff5db63b63f
```

Solche URLs werden von Suchmaschinen gerne gemieden.[141]

Eine Linkliste als Sitemap bietet auch diesbezüglich eine hervorragende Möglichkeit, um das Webangebot für die Suchmaschinen zugänglich zu machen. Dadurch erreicht eine Suchmaschine viele Seiten, die sonst unbemerkt geblieben wären, denn die Spider bevorzugen einerseits die flache Struktur, und andererseits haben Schlüsselwörter im Dateiverzeichnis Einfluss auf das Ranking. Die drei großen Suchmaschinen Google, Yahoo und MSN haben sich sogar auf ein einheitliches Format für Sitemaps verständigt und unter Sitemaps.org die gemeinsamen Spezifikationen in der Version 0.9 veröffentlicht. Das wird es in Zukunft den Spidern erleichtern, die einzelnen Seiten zu finden.[142]

Suchmaschinen weisen entscheidende Nachteile in Bezug auf Frames auf, denn sie müssen nach dem Laden der HTML-Datei mit dem Frameset zu den dort verlinkten Seiten absteigen, und damit sinkt der „Wert" der verlinkten Seite. Auch mit der Identifizierung von verschachtelten Frames haben Suchmaschinen Schwierigkeiten. Der ursprüngliche Vorteil, die Ladezeiten zu verkürzen, ist mittlerweile nicht mehr aktuell.

Ebenso werden Plug-ins wie Flash, Shockwave oder QuickTime von Suchmaschinen nicht identifiziert, jedoch werden andere Formate wie JPEG, PDF oder RSS erkannt und indexiert.

Feine Optimierungsarbeit kann auch durch Konfiguration des Webservers und dessen Logdateien erfolgen. Wenn z. B. der Fehlercode 404[143] oft vorkommt, dann kann man die Abfrage auf die Startseite umleiten, um eine Fehlerausgabe zu vermeiden.

Alle Optimierungen, die besonders Metatags betreffen, könnte man in einer speziellen „robots.txt" Datei zusammenfassen und auf dem Webserver ablegen. Diese Datei kann

---

[141] Vgl. Hartl, R. (2006): Suchmaschinen-Optimierung von OS-Commerce, 23.02.2006, URL: http://blog.suchmaschinen-optimierungen.info/suchmaschinen-optimierung-os-commerce, Stand: 22.11.2006.

[142] Vgl. Golem.de (2006): Google, Microsoft und Yahoo arbeiten zusammen: einheitliches Sitemap-Format unter sitemaps.org veröffentlicht, 16.11.2006, URL: http://www.golem.de/0611/48977.html, Stand: 22.11.2006.

[143] Fehlercode 404: Not Found bzw. nicht gefunden, Dokument entfernt, verschoben oder umbenannt.

auch an andere Verzeichnisse angepasst werden, und die Metatag-Beschreibung muss nicht auf jeder Seite angeführt werden. Dadurch kann man auch die Indizierung von Dateien, deren Inhalt nicht vollständig ist, für alle Robots verhindern oder man kann Robots, die viel Traffic verursachen, ausschließen.

Einer Website kann kaum etwas Schlimmeres passieren, als aus einer Suchmaschine gestrichen zu werden, was tatsächlich schneller geschehen kann, als man denkt. Suchmaschinen wie Google mögen es gar nicht gern, wenn der gleiche Inhalt unter verschiedenen Adressen zu erreichen ist. Dann liegt „duplicate content" vor, was als Indiz für Suchmaschinenspamming gedeutet und bestraft wird. Dasselbe kann passieren, wenn eine Seite unter „www.meinshop.vu" und ebenso unter „meinshop.vu" erreichbar ist. Aus diesem Grund ist es ratsam, von einer Seite auf die andere weiterzuleiten, um nur mit einer Adresse erreichbar zu sein.

Ein starkes Werkzeug beim Aufbau und bei der Formatierung der Webseite bietet Cascading Style Sheets bzw. CSS, das es ermöglicht, immer wiederkehrende Elemente einer Webseite wie Tabellen, Texte, Überschriften, etc. an einer zentralen Stelle zu formatieren und diese in einer externen CSS-Datei zu speichern. Folglich wird der Quelltext der Webseite verkürzt, was sich wiederum auf das Ranking der Suchmaschinen auswirkt, denn das Verhältnis der Gesamtzahl der verwendeten Zeichen zu den gesuchten Begriffen verbessert sich.[144]

Es ist bekannt, dass Bilder mehr als Worte sagen, und das gilt umso mehr für das Internet. Fotos und Grafiken werden von Internetnutzern deutlich leichter konsumiert als lange Texte, und die Ladezeiten stellen kein Problem mehr dar. Aber für die Suchmaschinen, die textbasiert sind, gilt nur „Alt-Tag" als Informationsquelle. Daher schaffen Grafiken ohne Alt-Attribut Verwirrung, besonders dann, wenn auch der Preis des Produktes in einer Grafik versteckt ist. Somit ergibt sich durch eine treffende Beschreibung der Bilder mittels HTML-Tag „Alt" eine zusätzliche Optimierungsmöglichkeit.

Trotz aller Optimierungsarbeiten ist und bleibt der Inhalt das wichtigste Kriterium für einen gelungenen Webauftritt. Der Slogan „Content is King" hat kaum an Bedeutung verloren, denn nur so werden andere Webmaster animiert, Links auszutauschen, und die Aktualität steigert das Ranking. Bei reinen Onlineshops ist dies naturgemäß nicht so einfach, aber die Einrichtung von Foren, gepflegte Infoseiten oder Branchennews sind ein bewährtes Mittel zur Steigerung der Aktivität. Shops, bei denen nicht nur verkauft, sondern auch umfassend informiert wird, bleiben angenehm in Erinnerung und heben sich von Mitbewerbern ab. Unternehmen machen oft den Fehler, dass sie zwar anfangs in einen guten Webauftritt investieren, sich danach aber kaum weiter darum kümmern.

---

[144] Vgl. Holzapfel, F. (2006): Guerilla Marketing: Online, Mobile und Crossmedia, E-Book. – Köln: Conceptbakery, abrufbar im Internet, URL: http://guerillamarketingbuch.com/e-book, Stand: 12.12.2006, S. 24 f.

Zweifelsohne stellen die Suchmaschinen-Werbung und -Optimierung eine der besten Möglichkeiten dar, um im Internet präsent zu sein, aber das Netz bietet noch weitere Möglichkeiten. Wie im oberen Abschnitt gezeigt, sind Preissuchmaschinen, besonders im Technik- und Computerbereich, die anfangs als eine Form der elektronischen Märkte beschrieben wurden, sehr beliebt und in der Öffentlichkeit bedeutend bekannter als die einzelnen Onlineshops. Rund ein Drittel der Deutschen nutzen inzwischen die Preisvergleiche im Internet.[145]

Die Teilnahme an diesen Portalen ist vorteilhaft, denn dort sind die Produkte katalogisiert, und die Zielgruppen werden direkt angesprochen. Häufig handelt es sich um Internetnutzer, die kaufen wollen, aber noch nicht genau wissen, bei wem.

In Zusammenhang mit Suchmaschinen stellt sich ein anderer Vorteil heraus, denn die Preissuchmaschinen landen oft ganz oben auf der Trefferliste von Google, einerseits durch die Keyword-Relevanz und andererseits durch die eigene Werbung. In der Abbildung 37 auf Seite 90 wurde willkürlich nach dem Begriff „Einbauherd" gesucht, und das Ergebnis lieferte an der ersten Stelle „Guenstiger.de" gefolgt von anderen fünf Preissuchportalen sowie zwei weiteren in den AdWords. Davon kann ein Onlineshop profitieren, besonders deshalb, weil sich das Ranking in den Preissuchportalen nach dem Warenpreis richtet.

---

[145] Vgl. Guenstiger.de (2006): Pressespiegel: Preisbrecher, 07.07.2006, URL: http://www.guenstiger.de/gt/main.asp?pressespiegel=2006, Stand: 24.11.2006.

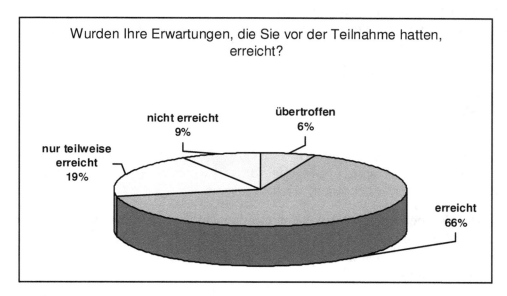

Abb. 38: Preissuchmaschinen Händlerstudie[146]

Dass die Teilnahme an solchen Portalen oft gratis ist, stellt einen weiteren Vorteil dar. So bietet Google z. B. auch einen Produktsuchdienst namens Froogle an, der zum einen das Internet automatisch durchsucht, und bei dem zum anderen Händler ihre Produkte manuell eintragen lassen können. Diese Nutzung ist sowohl für Käufer als auch für Verkäufer kostenlos. Auch andere Preissuchmaschinen bieten Gratisdienste für Online-Händler an, da sie sich durch Werbung und Marktforschung selbst finanzieren.

Wichtig ist dabei besonders das richtige Sortiment, denn günstige und qualitativ hochwertige Produkte bringen den Shop nach oben. Nachteilig wirkt sich die hohe Preistransparenz und folglich der Preisdruck aus, aber durch die Pflege der Kundenbeziehungen und des daraus resultierenden Kunden-Feedbacks enthalten diese Portale ein hohes Potenzial für Gewinn- und Umsatzzuwachs.

Nach einer Händlerstudie, die in der Abbildung 38 dargestellt ist, berichten 72 Prozent der teilnehmenden Händler, dass ihre Erwartungen im Bereich Umsatz- oder Gewinnentwicklung erfüllt wurden.

Verschiedene Verzeichnisdienste wie z. B. www.dmoz.de stellen weitere Möglichkeiten für einen kategorisierten Eintrag auf fremden Websites dar, die das Google-Ranking wiederum positiv beeinflussen.

All die vielfältigen Möglichkeiten erfordern eine regelmäßige und langfristige Kontrolle, denn ein gutes Ranking in den Suchmaschinen ist hart umkämpft, und die erste Seite bietet nur für zehn Ergebnisse Platz. Daher ist die fortlaufende Überprüfung

---

[146] Quelle: Vilchez, F. (2004): Händler- und Kundenverhalten in Preisvergleichsplattformen: eine Fallstudie über Geizhals.at, abrufbar im Internet, URL: http://unternehmen.geizhals.at/presse/studie.html, Stand: 09.01.2007, S. 7.

der Suchbegriffe, die die Benutzer eingeben, der eigenen Keywords sowie des Erfolgs und der Aktivitäten der Mitbewerber unerlässlich, was sowohl für die bezahlte Werbung als auch für die Suchmaschinen-Optimierung gilt.

5.2.2 Multi-Channel-Vertrieb

Kunden kaufen nicht ausschließlich von einer Quelle, sondern nutzen auch andere Vertriebskanäle, um Waren zu besorgen, daher existieren auch viele Wege, um den Umsatz zu steigern oder bekannt zu werden.

Wenn Händler mehrere solcher Wege nutzen, spricht man von Multi-Channel-Vertrieb. Darunter wird hauptsächlich das Nutzen sowohl des stationären Handels und des Katalogs als auch des Online-Handels als Vertriebskanal verstanden, um die Kunden intensiver zu umwerben.

Am Anfang des E-Commerce haben reine Online-Anbieter den B2C Bereich beherrscht, aber mittlerweile vertreiben die meisten Unternehmen ihre Produkte über mehrere Kanäle. Die Zahl der Händler, die nur einen einzigen Vertriebskanal nutzen, ist mit sechs Prozent sehr gering.[147]

Die wirklichen Vorteile einer Multi-Channel-Strategie liegen in der steigenden Bedeutung des Internets in der Kaufvorbereitungsphase. Viele Internetnutzer informieren sich online vor dem Kauf im Internet. Wie die Abbildung 39 zeigt, gaben über 58 Prozent der Probanden an, dass sie sich vor einem Kauf oft bis immer im Internet informieren, jeder Vierte nutzt diese Möglichkeit sogar sehr oft. Lediglich 4 Prozent der Befragten nehmen das Internet bei der Kaufanbahnung nicht in Anspruch.

Für stationäre Händler bedeutet die zunehmende Informationssuche im Internet eine Gefahr und zugleich eine Chance. Einerseits erhöht das Internet die Markttransparenz und somit den Preisdruck auf die stationären Händler, andererseits erhalten Händler die Chance, durch einen gelungenen Online-Auftritt neue Kunden für den stationären Vertrieb zu gewinnen.[148]

---

[147] Vgl. ECIN (2004): Multichannel muss sein, 03.09.2004, URL: http://www.ecin.de/news/2004/09/03/07470/index .html, Stand: 12.11.2006.

[148] Vgl. NEG (2003): Kurzumfrage des ECC Handel zur Kaufvorbereitung im Internet, 09/2003, URL: http:// www.ec-net.de/EC-Net/Navigation/Marketing/multichannelmanagement,did=98830.html, Stand: 16.11.2006.

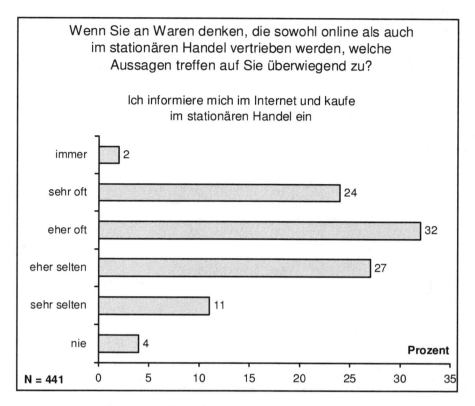

Abb. 39: Kaufanbahnung im Internet[149]

Händler sprechen mit einer Multi-Channel-Strategie eine größere Kundengruppe an. Internetnutzer werden über den Online-Handel erreicht, und wenn ein Teil der Kunden auch noch in der Nähe wohnt, werden sie dadurch auf den Laden um die Ecke aufmerksam, der ihnen bis dato unbekannt war. Über den Katalogversandhandel spricht man Kunden an, die zwar bestellen wollen, die aber dem Onlineshopping skeptisch gegenüberstehen. Die potenziellen Vorteile einer Multi-Channel-Strategie könnte man in drei Kombinationen gliedern:

-      Kaufanbahnung im Internet und Einkaufen in der stationären Filiale.

-      Kaufanbahnung in der stationären Filiale und Einkaufen im Internet.

-      Einkaufen im Internet und Selbstabholung in einer stationären Filiale.[150]

Die jeweilige Bedeutung dieser Vorteile ist untersucht worden, wobei die Selbstabholung keine große Rolle spielt. Aus den beiden anderen Kombinationen lassen sich für Multi-Channel-Anbieter leichte Vorteile schlussfolgern, die natürlich nur dann

---

[149] Quelle:Eigene Umfrage, 2006.

[150] Vgl. Dach, C. (2002): Wirklich überlegen?: Vorteile einer Multi-Channel-Strategie: eine nüchterne Betrachtung, in: handelsjournal, o. Jg., Heft 1, S. 24.

entstehen, wenn sich die Nutzer auf den gleichen Anbieterseiten informieren, bei denen sie anschließend in den stationären Filialen einkaufen.

Man geht davon aus, dass sich bei 8,8 Prozent der Käufe der Kunde vor dem Kauf in der Filiale auf der Webseite desselben Händlers informiert hat. Besonders bei hochwertigen Produkten ist die Kaufanbahnung über das Internet von Bedeutung, denn bis zu 15 Prozent des Umsatzes im stationären Handel werden über die Webseite desselben Händlers angebahnt. Im Hardware- oder Elektronikbereich liegen diese Werte sogar deutlich höher.[151]

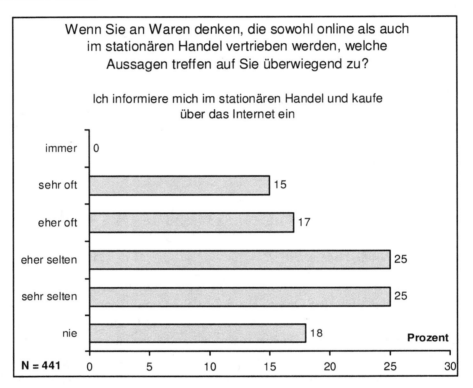

Abb. 40: Kaufanbahnung im stationären Handel[152]

Andererseits informieren sich viele Kunden bei Internetkäufen vorher im stationären Handel. Wie in der Abbildung 40 dargestellt, informieren sich bei den Online-Käufern 32 Prozent vor dem Kauf im stationären Handel, während das 18 Prozent nie tun. Auch in diesem Fall entstehen nur dann Vorteile, wenn im Onlineshop des gleichen Anbieters gekauft wird. Diesbezüglich sind die Vorteile einer Multi-Channel-Strategie sehr gering, da nur 2,6 Prozent aller Einkäufe bei dem Händler erfolgen, bei dem die Informationen eingeholt wurden. Besonders nachteilig wirkt sich der Zeitaufwand durch persönliche Beratung von Kunden aus, die sowieso vorhaben, im Internet einzukaufen.

---

[151] Vgl. Hudetz, K. (2006): Online-Shopping in Deutschland – eine nüchterne Analyse, in: Handel im Fokus – Mit-teilung des Institutes für Handelsforschung, 58. Jg., Heft 2, S. 94.

[152] Quelle: Eigene Umfrage, 2006.

Zirka 10 Prozent aller Internetkäufe gehören einer Studie zufolge dieser Kategorie an.[153]

Alle Wechselwirkungen im Multi-Channel-Vertrieb könnte man in vier Gruppen unterteilen:

- *Kannibalisierter Umsatz:* Umsatz im Internet, der ohne diesen Vertriebskanal im stationären Handel lukriert worden wäre.

- *Zusatzumsatz:* Umsatz im Internet, der ohne diesen Vertriebskanal nicht im stationären Handel lukriert worden wäre.

- *Kaufimpulse:* Der Beitrag des Internets zum Umsatz im stationären Handel.

- *Mittelbare Umsatzeffekte:* Veränderungen, die durch das Internet herbeigeführt wurden wie z. B. Unternehmensimage oder Kundenloyalität.[154]

Der Weg zum Multi-Channel-Vertrieb ist unterschiedlich. Traditionelle Händler nutzen das Internet, um ihren Kunden eine zusätzliche Bestellmöglichkeit zu bieten und somit ihre Geschäftstätigkeit durch neue Kundengruppen zu erweitern. Reiseveranstalter, Versandhandelsunternehmen und stationäre Handelsketten wie z. B. Schlecker, Tchibo oder Otto sind seit längerem im Internet präsent.

Kleine Fachhändler haben ursprünglich Restanten über eBay abgestoßen, doch hat sich dieser Vertriebskanal schnell erschlossen und als zusätzliches Standbein etabliert. Erfolgreiche Online-Händler gehen den umgekehrten Weg und eröffnen zusätzlich stationäre Filialen. Damit sollen eine bessere Kundenberatung und mehr Kundennähe erreicht und zusätzliche Möglichkeiten wie z. B. die Selbstabholung angeboten werden. Beispielsweise hat der im Abschnitt 2.2.1 beschriebene Cyberstore.de mittlerweile auch einen Cyberport Store in Dresden eröffnet und dessen Fläche innerhalb von 24 Monaten verdoppelt.[155]

Auch im Bereich der Kosten und des Sortiments entstehen aus der Multi-Channel-Strategie Vorteile. Wenn durch die verschiedenen Kanäle eine größere Menge an Waren abgesetzt werden kann, dann können auch im Einkauf höhere Rabatte erzielt werden. Ebenso können Lagerkapazitäten besser ausgelastet werden, wenn die Möglichkeit besteht, mehrere Kanäle aus einem Lager zu bedienen. Die Sortimentbreite kann davon ebenfalls profitieren, denn manche Produkte laufen besser über den Online-Handel, andere hingegen über den stationären Laden. Somit kann man allen Kunden ein besseres Sortiment anbieten.

---

[153] Vgl. NEG, 2003.

[154] Vgl. van Baal, S. (2006): Wechselwirkungen im Multi-Channel-Vertrieb, Studie, abrufbar im Internet,
URL: http://www.ecc-handel.de/wechselwirkungen_im_multi-channel-vertrieb_223001.php, Stand: 16.11.2006.

[155] Siehe: http://www.cyberport.de/cms/2/1/0/0/cms.html?DOCID=19837, Stand: 12.11.2006.

Mittlerweile beinhaltet der Online-Handel selbst verschiedene Kanäle, die kombiniert eingesetzt werden. So können alle Formen des Online-Handels, die im Abschnitt 2.2 beschrieben wurden, einzeln oder verknüpft genutzt werden. Einkaufsportale wie Shopping24.de dienen der Bekanntheit, da der Kundenanlauf dort höher ist als in einzelnen Shops. Der Bekanntheit dienen auch Online-Märkte wie eBay, Amazon-Marketplace oder zShops, die nebenbei einen zusätzlichen und wichtigen Vertriebskanal darstellen.

Das Betreiben eines eigenen Onlineshops ist zwar aufwendiger als die Nutzung von eBay, ist aber hinsichtlich der höheren eBay Gebühren von Bedeutung, denn die Aufmerksamkeit, die der Onlineshop z. B. über eBay bereits erlangt hat, kann später ohne eBay Gebühren weiter verwertet werden.

Zusammenfassend ist festzuhalten, dass die Vertriebskanäle auch unterschiedliche Bedürfnisse der Kunden erfüllen, und dass diese Erfolgsindikatoren von verschiedenen Faktoren wie z. B. von der Produktgruppe und von der Harmonisierung der Vertriebskanäle abhängig sind. Obwohl sich viele reine Online-Händler auf dem Markt etabliert haben, stellen diese keine Gefahr für die herkömmlichen Handelsstrukturen dar. Nur Amazon.de ist als einziger reiner Online-Händler unter den Großen übrig geblieben. Es sind eher die traditionellen Versandhändler sowie zahlreiche kleine und mittlere Händler, die mit ihrem Online-Auftritt Käufer anlocken und die bereits nennenswerte Umsätze über das Internet verbuchen können.[156]

5.3 *Vertrauen schaffen – Neukundengewinnung*

Warum sollte sich der Kunde ausgerechnet für einen bestimmten Onlineshop entscheiden, wenn der nächste Anbieter bekanntlich nur einen Mausklick entfernt ist?

Also ist es nötig, den potenziellen Kunden ab dem ersten Augenblick zu fesseln, denn er wird keine Sekunde zögern, zum nächsten Anbieter zu wechseln. In der zweiten Phase ist somit „Vertrauen schaffen" einer der wichtigsten Faktoren, der mit der richtigen Shopgestaltung ab der ersten Seite beginnt. Nicht jeder Besucher ist automatisch ein potenzieller Käufer. Viele kommen nur auf die Seite, um sich zu informieren oder die Funktionalität auszuprobieren. Ein gelungenes Design vermittelt dem Kunden auf einen Blick die wichtigsten Informationen und sieht außerdem gut aus.

Der Kunde soll auf Anhieb davon überzeugt sein, dass dieser Shop genau das anbietet, wonach er sucht. Die wesentlichen Merkmale für eine Shopauswahl waren auch ein Teil der empirischen Erhebung. Die zehn wichtigsten Kriterien werden in der Abbildung 41 dargestellt.

---

[156] Vgl. Hudetz, 2006, S. 97.

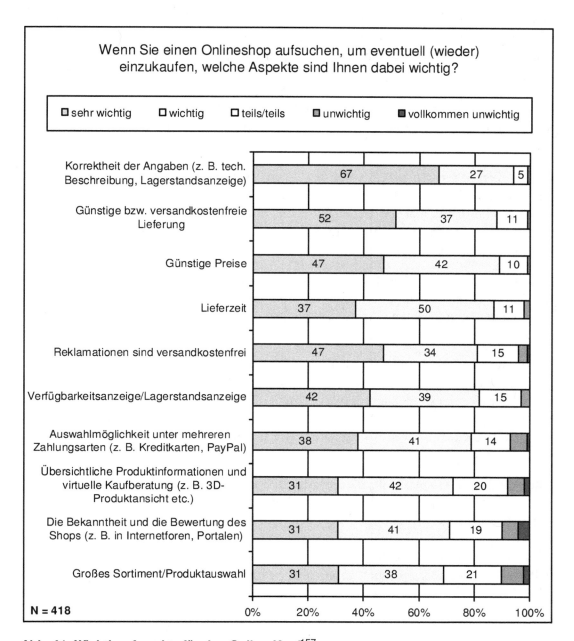

Abb. 41: Wichtige Aspekte für den Online-Kauf[157]

Diese Abbildung macht noch einmal deutlich, dass der günstigste Preis nicht das wichtigste Kriterium für den Online-Kauf ist, denn 94 Prozent der Probanden halten die Korrektheit der Angaben für „wichtig" oder „sehr wichtig". Verschiedene Angaben, die einen Onlineshop betreffen, sind umfangreich und daher extra ausgewertet worden, dennoch ist die Korrektheit dieser Angaben bedeutend, da sie sich vertrauensbildend auswirkt.

---

[157] Quelle: Eigene Umfrage, 2006.

Eine vollständige Anbieterkennzeichnung ist die wesentliche Grundlage, um dem Kunden klar zu machen „mit wem er es zu tun hat" und dient dazu, unmittelbare Kommunikationsmöglichkeiten zum jeweiligen Online-Anbieter herzustellen, z. B. um Fragen über die Produkte und über die Abwicklung im Vorfeld abzuklären. Die gesetzlichen Rahmenbedingungen bilden dabei die Mindestvorgaben, die aber, um den Kundennutzen zu erhöhen, erweitert werden können.[158] Z. B. sollten Ansprechpartner für verschiedene Kundenanfragen benannt und die jeweiligen Kontaktmöglichkeiten angegeben werden.

Durch die Preistransparenz werden von vornherein Missverständnisse und Vertrauensbrüche vermieden. Eine Unsitte ist eine Angabe wie „Versandkosten werden im Warenkorb automatisch berechnet", die aber das Abrufen dieser Kosten ohne vorherige Registrierung gar nicht erlaubt. Auch angegebene „Stattpreise" beeindrucken im Internet längst keinen Interessenten mehr.

Gerade im Internet sind Kunden ungeduldig, weshalb alle Schritte aus der Sicht des Kunden zu betrachten sind und keine Hürden eingebaut bzw. erst im letzten Schritt die notwendigen Kundendaten eingefordert werden sollten. Auf die Barrierefreiheit und auf die Übersichtlichkeit des Bestellprozesses müsste großer Wert gelegt werden.

Für die Kunden bedeuten Versandkosten einen Verlust des Preisvorteils, der im Internet erwartet wird, aber für den Online-Anbieter, der oft mit winzigen Margen verkauft, bleibt gerade beim Versand etwas übrig. Daher ist das Aushandeln günstiger Versandwege von Anfang an für beide Seiten von großer Bedeutung, denn der Ruf eines „Versandabzockers", der sich möglicherweise in negativen Bewertungen niederschlägt, ist geschäftsschädigend.[159]

Laut Abbildung 41 spielen detaillierte Angaben zur Lieferzeit mit 87 Prozent „wichtig" oder „sehr wichtig" eine bedeutende und zusammenhängende Rolle, denn die Verfügbarkeitsanzeige bzw. die Lagerstandsanzeige ist mit 81 Prozent fast genau so wichtig. Stimmt die Verfügbarkeitsanzeige nicht, dann sind die Lieferbarkeit und infolgedessen auch die Korrektheit der Angaben nicht mehr gewährleistet. In diesem Fall wird das Kundenvertrauen gebrochen, bevor die Bestellung überhaupt verschickt wird.

Die Lieferzeit spielt auch im Nachhinein eine wichtige Rolle, denn die Abwicklung beeinflusst die Einstellung der Kunden, die Folgebestellungen hervorrufen oder Mund-zu-Mund-Propaganda bewirken kann. Zahlen über dieses Empfinden im Nachhinein sind in der Internetbefragung gesondert erhoben worden.

---

[158] Vgl. Noël, J.-M.; Pohle, J. (2005): Vertrauen in E-Commerce, abrufbar im Internet, URL: http://www.bvdw.org /fachgruppen/e-commerce/arbeitskreise/vertrauen.html, Stand: 04.01.2007, S. 3.

[159] Vgl. Lerg., A. (2006): Warenversand im Überblick – Weg Damit!, in: webselling, o. Jg., Heft 3, S. 87.

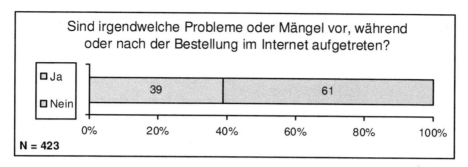

Abb. 42: Häufigkeit der Probleme[160]

Auch aufgetretene Mängel wurden abgefragt, wie Abbildung 42 zeigt. Auf die Frage,

---

[160] Quelle: Eigene Umfrage, 2006.

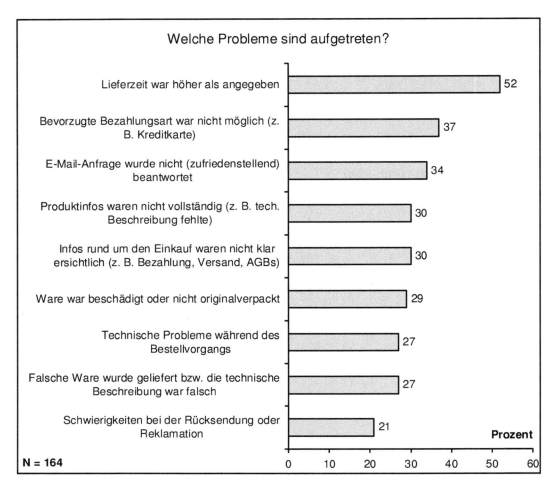

Abb. 43: Mängel im Online-Handel[161]

welche Mängel aufgetreten sind, gaben 52 Prozent der Befragten, die Probleme beim Einkaufen hatten, an, dass sie Lieferzeiten, die länger als versprochen dauerten, als Mangel empfunden haben.

Nach der Kano-Analyse wäre das der Beginn einer Unzufriedenheit, weil die tatsächlich erbrachte Leistung unter den Erwartungen liegt. „Weniger ist manchmal mehr", denn die Dämpfung der Erwartungen hinsichtlich der Lieferzeit bringt erst gar nicht diese Einstellung mit sich und schafft auch Spielräume für Begeisterung, solange die Lieferung immer noch als akzeptabel wahrgenommen wird.

Ankündigungen wie „versandfertig in 24 Stunden" oder „sofort lieferbar", die nicht auf einer Echtzeit-Lagerstandsanzeige basieren und demzufolge nicht stimmen, können von den Kunden als irreführende Angaben aufgenommen werden und dem guten Ruf längerfristig schaden. Kunden werden schon bei einfachen Lieferverzögerungen

---

[161] Quelle: Eigene Umfrage, 2006.

misstrauisch. Den aktuellen Bestellstatus mitzuteilen ist daher vertrauensbildend und wird auch gesetzlich gefordert.[162]

Der Kundenservice im elektronischen Handel und ebenso die damit verbundene Abwicklung der Reklamationen sollte groß geschrieben werden. In der Abbildung 41 halten immerhin 81 Prozent der Probanden die versandkostenfreie Abwicklung der Reklamationen für „sehr wichtig" oder „wichtig", was für den Online-Händler zuallererst Kundenaufklärung bedeutet. Klare Angaben und die Trennung der Begriffe Garantie, Gewährleistung, Rückgaberecht und Reklamation erleichtern diese Aufgabe ungemein und helfen, Missverständnisse von vornherein zu vermeiden. Hier gilt umso mehr, „mit dem Kopf der Kunden zu denken" und vorauszusetzen, dass zahlreiche Kunden diesen Unterschied nicht kennen. Deutlich sichtbar beantwortet werden sollten folgende Fragen:

- Wer übernimmt die Versandkosten, wenn die Ware fehlerhaft ist?

- Wer übernimmt die Versandkosten bzw. wickelt die Herstellergarantie ab?

- Wer übernimmt die Kosten im Fall einer Gewährleistung?

- Werden zusätzliche Kosten bei der Ausübung des Widerrufsrechts übernommen?

- Welche Ausschlussgründe liegen vor?

Diese mit verständlichen AGBs versehenen Angaben sowie ein klar formuliertes Rückgaberecht zeigen, dass der Shopbetreiber nicht nur die zwingenden gesetzlichen Bestimmungen ernst nimmt, sondern sich vollkommen um Transparenz bemüht.

Die Wichtigkeit dieser Angaben wird auch durch Bedenken der Online-Käufer betont. So ergab die Untersuchung aus der Abbildung 44, dass 38 Prozent der Befragten Probleme mit Warenrückgabe und -umtausch befürchten, weitere 33 Prozent haben kein Vertrauen zu unbekannten Anbietern. Diesem Misstrauen kann ein Onlineshop mit relativ geringem Aufwand entgegenwirken, weil gerade die Beantwortung der obigen Fragen, leicht auffindbare AGBs und genaue Informationen über den Anbieter kein Misstrauen aufkommen lassen.

---

[162] Vgl. § 312e BGB.

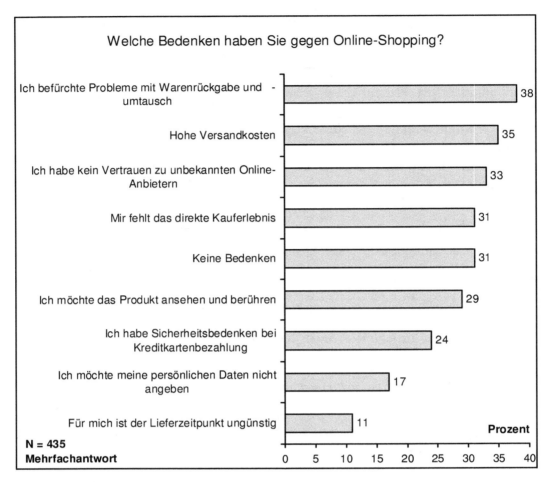

Abb. 44: Bedenken im Online-Handel[163]

Sowohl aus der Abbildung 41 als auch aus der Abbildung 43 geht hervor, dass die Bezahlung eine gewichtige Rolle im Einkaufsprozess spielt. Anders als im stationären Handel liegt im Online-Handel das Grundproblem darin, dass die Transaktionen asynchron und anonym ablaufen. In diesem Zusammenhang ist für die Kunden die finanzielle Sicherheit besonders wichtig. Während Händler Vorkasse oder Nachnahme bevorzugen, ist für Kunden der Kauf auf Rechnung oder mit Kreditkarte wünschenswerter.

Die Vorausüberweisung, die durch die Verbreitung des Online-Bankings stark gefördert wird, stößt bei Interessenten besonders bei kleinen und unbekannten Onlineshops auf weniger Akzeptanz. Das Risiko für den Online-Anbieter trotz der Attraktivität dieser Zahlungsart liegt darin, dass es sich der Kunde nach der Bestellung anders überlegt, sodass die bestellte Ware für gewisse Zeit gebunden bleibt.

---

[163] Quelle: Eigene Umfrage, 2006.

Kreditkarten stellen eine für beide Seiten gangbare Alternative dar. Die Verbreitung und Beliebtheit der Kreditkarte in Europa ist gut bis sehr gut, und das Ausfallsrisiko ist gering.[164]

Die Einführung der Kartenprüfnummer sowie das Authentifizierungsverfahren „Master-Card SecureCode" und „Verified by Visa" gewährleisten eine sehr hohe Zahlungssicherheit, denn nur der Kunde kennt das von ihm frei gewählte Passwort.[165]

Hat sich der Karteninhaber für das Verfahren registriert, bekommt er von der Kreditkartenorganisation einen eigenen Sicherheitscode und richtet ein persönliches Passwort ein. Wenn der Händler Teilnehmer dieses Verfahrens ist, wird vor der Bezahlung im Shop beides überprüft. Mit zunehmender Anzahl der herausgegebenen Kreditkarten wird die Bedeutung dieser Zahlart wachsen und dem Online-Händler zusätzliche Chancen eröffnen, international zu agieren.

Die enorme Verbreitung der Debitkarten als Zahlungsmittel im stationären Handel hat dazu geführt, dass auch diese Karten immer mehr onlinefähig werden und die besten Chancen haben, sich im Internet als Standard zu etablieren. In Großbritannien, Spanien und Österreich wird derzeit auch der „Maestro SecureCode" eingeführt.[166]

Entsprechend der Zahlungsart spielt ebenso die technische Sicherheit eine große Rolle. Die Kreditkartendaten oder Bankverbindungen müssen nicht nur SSL-verschlüsselt übertragen werden, sondern die Verschlüsselung sollte im Browser für Kunden deutlich sichtbar sein. Ein Viertel der Probanden in der Abbildung 44 geben zwar an, dass sie Sicherheitsbedenken bei der Bezahlung mit der Kreditkarte haben, dennoch ist die Kreditkarte eine der sichersten Zahlarten im Internet, sofern beim Bezahlvorgang alle Sicherheitseinrichtungen beachtet werden. Oft sind solche Bedenken auf einen Mangel an Aufklärung zurückzuführen.

Verschiedene Zahlungsverfahren verursachen auch Kosten. Bei Kreditkarten und kredit-kartenbasierten Online-Zahlarten liegt der Abschlag zwischen 3 und 6 Prozent, daher sind diese Kosten das wichtigste Entscheidungskriterium.

Ausführliche Produktinformationen sind im Online-Handel besonders wichtig, da der Kunde nicht wie im stationären Handel die Ware prüfen kann. Auch in der Abbildung 41 wird dieses Attribut mit 73 Prozent für „sehr wichtig" oder „wichtig" unterstrichen. Eine detaillierte Beschreibung und viele Abbildungen verschaffen dem Onlineshop Vorteile gegenüber den schweigsameren Mitbewerbern. Immerhin empfinden 30

---

[164] Vgl. Bartel, R. (2006): Payment als Erfolgsfaktor: damit der Rubel rollt, in: webselling, o. Jg., Heft 3, S. 84.

[165] Vgl. Europay Austria: MasterCard SecureCode, URL: http://www.mastercard.at/epa/opencms/de/Home/MC_SecureCode/index.html, Stand: 01.12.2006.

[166] Vgl. Pago: Maestro-Akzeptanz inklusive, URL: http://www.pago.de/Pago-Online-Acceptance.poa.0.html, Stand: 01.12.2006.

Prozent der Probanden in der Abbildung 43 das Nichtvorhandensein der Produktinformationen als Mangel.

Nicht nur umfangreiche Informationen und Abbildungen über das Produkt, sondern auch Aspekte des Webdesigns sind von Bedeutung. Eine klare hierarchische Navigation sowie ein Such- und Sortiersystem helfen bei der Orientierung – besonders den Erstbesuchern – und sollten intuitiv zu bedienen sein. Die verwendeten Begriffe, die auf der Webseite im Menü auftauchen, sollten eindeutig mit den dahinter verborgenen Inhalten zu assoziieren sein. Der Online-Anbieter könnte die optionalen Schritte von den notwendigen trennen, um den Kunden schnell ans Ziel zu führen.[167]

Auch Bedenken der Internetnutzer, die in der Abbildung 44 mit 31 Prozent nach einem Kauferlebnis suchen oder mit 29 Prozent das Produkt ansehen und berühren möchten, verfestigen die Bedeutung einer plastischen Darstellung der Produkte. Ebenso wecken optisch aufbereitete technische Daten z. B. in tabellarischer Form das Interesse des potenziellen Kunden, während unvollständige Angaben Zweifel hervorrufen.

Abb. 45: Erfahrungsberichte von Ciao.de[168]

Hilfreich können auch Kundenbewertungssysteme sein, mit denen Verbraucher bereits gekaufte Waren bewerten können. Diese Systeme, erweitert durch Kundenbewertungen über den Onlineshop, erfüllen einen anderen wichtigen Aspekt, der in der Abbildung 41

---

[167] Vgl. Weblions, 2005, S. 16.

[168] Quelle: http://www.ciao.de/Erfahrungsberichte/otto_de__200166, Stand: 09.01.2007.

mit 72 Prozent für „sehr wichtig" oder „wichtig" eine Top-Position eingenommen hat. Solche Veröffentlichungen zeigen dem möglichen Kunden, dass es nichts zu verbergen gibt und wirken sich daher vertrauensbildend aus. Standards hierfür gibt es nicht. Manche Systeme wie eBay oder Marketplace erlauben eine direkte Bewertung der Verkäufer, andere Onlineshops setzen einen Link auf Bewertungsforen. Solche Beratungs- und Erfahrungsportale wie z. B. Ciao.de in der Abbildung 45 sind mittlerweile sehr bekannt und stark frequentiert. Daher dienen die Erfahrungen und folglich die Bewertungen anderer Online-Käufer als wichtiges Differenzierungskriterium.

Im letzten Kapitel wurde bereits die Rolle des Sortiments im Online-Handel betont und mit 69 Prozent gemäß Abbildung 41 auch von den Internetnutzern bestätigt. Potenzielle Kunden schätzen die Produktvielfalt im Internet und machen davon Gebrauch.

Man könnte die virtuellen Regale zwar unbegrenzt ausbauen, aber eine große Produktauswahl setzt voraus, dass der Online-Anbieter auch in der Lage ist, diese Artikel innerhalb einer überschaubar kurzen Lieferzeit zu versenden.[169]

Weitere für Kunden wichtige Aspekte für die Shopauswahl werden in der Abbildung 46 aufgelistet.

Heutzutage bieten fast alle Transportdienstleister ein Tracking-System an. Ein guter Kundenservice ermöglicht es dem Kunden, über eine Trackingnummer den Zustellungsstatus der Bestellung zu verfolgen.

Ein Onlineshop kann, über die gesetzlichen Bestimmungen hinaus, dem Kunden die Möglichkeit einräumen, die Bestellung zu ändern oder zu stornieren. Damit gewinnt der potenzielle Kunde Sicherheit, falls er sich doch einmal zu schnell für eine Bestellung entschieden hat.

Der Wunsch nach einer Abholmöglichkeit entsteht dadurch, dass viele Paketdienstleister über kein eigenes Filialnetz verfügen, und daher eine problemlose Abholung nicht möglich ist. Wenn der Empfänger nicht angetroffen wird, muss ein zweiter oder dritter Zustellversuch erfolgen. Versanddienstleister wie DHL bieten auch Logistiklösungen für Privatkunden an, wie z. B. Packstation, einen rund um die Uhr geöffneten Automaten.

Zertifizierungen durch Gütesiegel beurkunden die Einhaltung der gesetzlichen und güte-siegelbezogenen Standards. Manche Systeme übernehmen sogar finanzielle Garantien wie z. B. die Geld-zurück-Garantie von Trusted Shops. Gütesiegel können somit zur Überwindung der Hemmungen beim Einkauf und zum Aufbau von Vertrauen in den

---

[169] Vgl. Dach, C. (2001): Konsumenten gewinnen und binden im Internet, in: Global Company (Hrsg.): E-Business & M-Business: Einsichten, Ansichten und Ideen rund um das elektronische Business. – Pulheim; Köln: World Medien, S. 61.

Online-Handel, insbesondere für neue Konsumenten, dienen.[170]

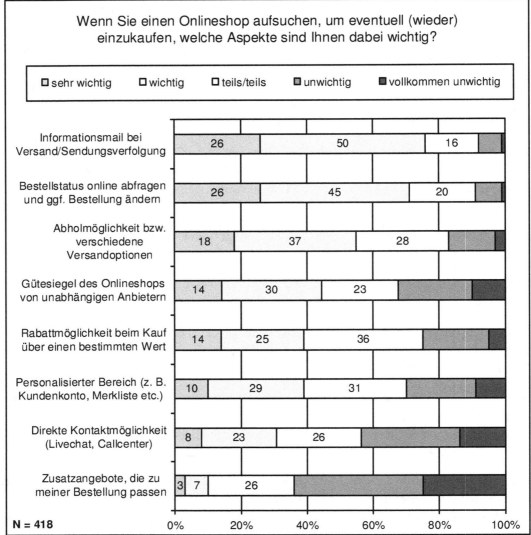

Abb. 46: Weitere wichtige Aspekte im Online-Handel[171]

Erfahrene Online-Käufer legen weniger Wert auf Gütesiegel und konzentrieren sich eher auf die Bewertungen der Endverbraucher. Die zahlreich vorhandenen Gütesiegel, deren jeweilige Vergabe für die Internetnutzer oft nicht nachvollziehbar ist, und die meist nur jährliche Überprüfung erhöhen nicht unbedingt die Akzeptanz.

---

[170] Vgl. TNS Infratest (2005): Zentrale Erkenntnisse: Online-Gütesiegel: für Initiative D21 e.V., abrufbar im Inter-net, URL: http://www.safer-shopping.de/index.php?id=17&backPID=17&tt_news=62, Stand: 05.01.2007, S. 5.

[171] Quelle: Eigene Umfrage, 2006.

Tatsache ist, dass derzeit sehr viele Onlineshops auf irgendein oder auf mehrere Gütesiegel gleichzeitig verweisen und es dem Kunden daher schwerfällt, aus diesem Gütesiegel-Wirrwarr eine klare Bewertung für sich selbst abzuleiten.

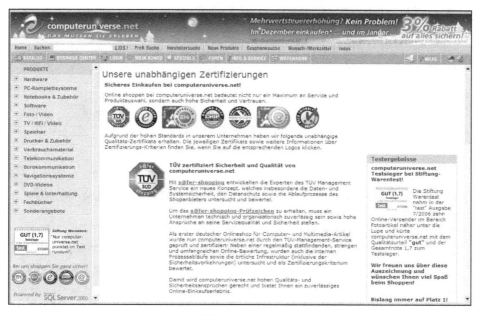

Abb. 47: Die bekanntesten Gütesiegel[172]

Abbildung 47 zeigt Computeruniverse.net, einen Onlineshop, der die sieben bekanntesten Gütesiegel vorweisen kann. Soll der Kunde davon ausgehen, dass dieser Shop um vieles besser ist als ein Shop mit nur einem, zwei oder drei Gütesiegeln?

In der Praxis kommt es oft vor, dass zwei Onlineshops trotz Gütesiegel verschiedene Bewertungen von Online-Käufern erhalten. Die Abbildung 48 zeigt zwei Onlineshops aus dem Computer- und Elektronikbereich, die mit dem „Euro-Label" Gütezeichen für den elektronischen Einkauf zertifiziert sind. Obwohl diese Zertifizierung einen einheitlichen Verhaltenskodex vorsieht, weichen die Erfahrungen der Online-Käufer stark voneinander ab.

Wie bereits im letzten Kapitel erwähnt, liegt die beste Rabattmöglichkeit in der versandkostenfreien Lieferung. Das hohe Bedenken wegen der Versandkosten, das aus der Abbildung 44 hervorgeht, kann somit abgeschwächt werden.

Das Kundenkonto ist heute in den meisten Shopsystemen integriert und kann mit dem Bestellstatus und der Sendungsverfolgung kombiniert werden. Die eher bescheidene „Wichtigkeit" dieser Option zeigt, wie bedeutend es ist, die Bestellung auch ohne Log-in Funktion zu ermöglichen.

---

[172] Quelle: http://www2.computeruniverse.net/info/siegel.asp, Stand: 28.12.2006.

Eine direkte Kontaktmöglichkeit scheint in der Umfrage nicht so wichtig zu sein, vermutlich deswegen, weil bei tadelloser Präsentation der Ware sowie bei eindeutig beschriebenem Bestellprozess kein direkter Kontakt nötig ist. Dennoch ist die Kontaktmöglichkeit für eine eventuelle Fehlerbeseitigung unerlässlich.

Abb. 48: Shopbewertung in Geizhals.at[173]

Das Schlusslicht der Umfrage bilden die Zusatzangebote, die zu einer Bestellung passen, was auf das steigende Selbstbewusstsein der Konsumenten hindeutet.

Durch die empirische Erhebung wurden in diesem Abschnitt die Kundenwünsche im Online-Handel zusammenfassend dargestellt. Daraus lässt sich schlussfolgern, dass die Kunden nicht uneingeschränkt nach dem „Billigsten" suchen, sondern zusammenhängende Aspekte, die das Vertrauen fördern, in den Vordergrund stellen. So fällt der Unterschied bei „sehr wichtig" zwischen „Korrektheit der Angaben" mit 67 Prozent und „Günstige Preise" mit 47 Prozent doch sehr deutlich zugunsten der vertrauensbildenden Maßnahmen aus.

Es gibt aber noch weitere beachtenswerte Faktoren, denn 39 Prozent der Befragten gaben in der Abbildung 42 Probleme an, die vor, während oder nach der Bestellung aufgetreten sind. Davon finden 37 Prozent die bevorzugte Bezahlungsart als Mangel, für jeden Dritten waren die Produktinfos und Informationen rund um den Einkauf nicht klar ersichtlich bzw. unvollständig. Technische Probleme während des Bestellvorgangs sind mit 27 Prozent ebenfalls aktuell. Obwohl die Pflege der Kundenbeziehungen im Internet besonders wichtig ist, gaben 34 Prozent an, dass ihre E-Mail-Anfragen nicht oder nicht zufriedenstellend beantwortet wurden. Gerade im Aufheben dieser Mängel und in der

---

[173] Quelle: In Anlehnung an http://www.geizhals.at/eu/?sb=314, http://www.geizhals.at/eu/?sb=2354 und http://www.euro-label.com, Stand: 28.12.2006.

Optimierung aller obigen Aspekte aus der Sicht des Kunden steckt noch ein enormes Bindungspotenzial und damit auch ein Umsatz- und Gewinnzuwachs.

5.4 Online-Kundenbindung

Die theoretischen Ansätze der Kundenbindung, die im Abschnitt 3 erläutert wurden, gelten genauso für den Online-Handel. Neben der Zufriedenheit stellt im Internet besonders das Vertrauen den psychologischen Faktor dar, während Preis-, Produkt- oder Distributionspolitik die ökonomische Bindung hervorheben.

Grundsätzlich sind alle Aspekte, die im vorangegangenen Abschnitt hinsichtlich der Neukundengewinnung analysiert wurden, ebenso für hohe Kundenzufriedenheit und stärkeres Vertrauen, die aufgrund der Entfernung zwischen Verkäufer und Käufer eine besondere Rolle einnehmen, von großer Bedeutung.

Um langfristige Kundenbeziehungen aufzubauen, haben sich viele Onlineshops durch die ständige Erweiterung ihrer Leistungspaletten zu größeren Portalen entwickelt. Solche Portale integrieren alle Aspekte des Online-Handels an einer Stelle, somit wird die Kundenbindung von mehreren zusammenhängenden Faktoren beeinflusst.

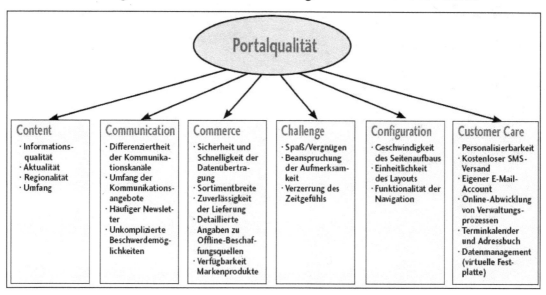

Abb. 49: Die sechs Dimensionen der Portalperformance[174]

Wenn man die wichtigsten Bestandteile des Online-Handels, das heißt, Content, Community und Commerce mit weiteren Funktionalitäten der Portale, wie aus der Abbildung 49 ersichtlich, ergänzt, dann kann man von sechs grundlegenden

---

[174] Quelle: Hammerschmidt, M. (2006): Elektronische Kundenbindung mit dem 6C-Modell: Die Bedeutung der „Online-Kundenbindung", in: Schwarz Torsten (Hrsg.): Online-Marketing: Beratungsbrief von Torsten Schwarz, Elektronische Ausgabe 06, S. 3.

Dimensionen, die auch als 6C-Modell bezeichnet werden, sprechen: Content, Communication, Commerce, Challenge, Customer Care, Configuration.[175]

Die sechs Komponenten wirken verschiedenartig und indirekt auf die Kundenbindung und -loyalität, indem sie die beiden Wege zur Kundenbindung – Kundenzufriedenheit und Wechselbarrieren – beeinflussen.

Wie die Abbildung 50, die aus einer aktuellen Studie stammt, zeigt, tragen nur vier der sechs Portalbereiche zur Erhöhung der Kundenbindung bei. Eine bedeutende Rolle kommt dem Content zu, der durch die Informationsqualität gleichzeitig die Zufriedenheit der Nutzer und die Barrieren erhöht.

Der Unterhaltungs- oder Erlebniswert eines Onlineportals, der mit Challenge repräsentiert wird, lässt die User mehr Zeit im Portal verbringen und beeinflusst somit beide Wege der Kundenbindung. Auch der zusätzliche Service und die Betreuung der Kunden spielen eine wichtige Rolle und erhöhen die Wechselbarrieren, da sie ein Zusatzangebot darstellen.

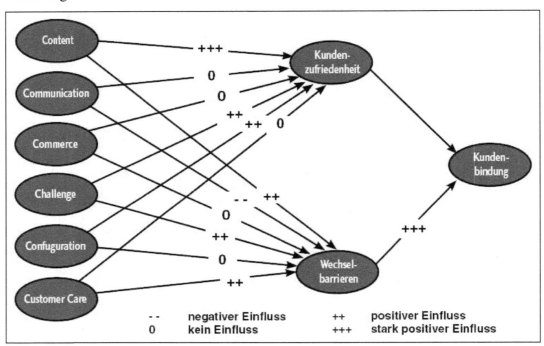

Abb. 50: Die Wirkungseffekte der 6 Cs auf die Kundenbindung[176]

Während der übersichtliche und professionelle Aufbau der Website als Zufriedenheitstreiber fungiert, können schlecht gestaltete Seiten Wutausbrüche

---

[175] Vgl. Hammerschmidt, 2006, S. 3.

[176] Quelle: Hammerschmidt, 2006, S. 4.

verursachen, die Studien zufolge sogar als eine neue Internetkrankheit, das „Mouse Rage Syndrom" bezeichnet werden.[177]

Commerce kann nicht positiv wirken, denn das Angebot und die reibungslose Abwicklung der Bestellprozesse werden im Online-Handel als Basisanforderungen wahrgenommen, die lediglich die Unzufriedenheit verhindern.

Der Faktor Communication wirkt negativ auf die Wechselbarrieren, indem er anhand von Communities die Internetnutzer über Alternativangebote der Mitbewerber informiert und somit die Transparenz steigert. Genauso können schlechte Erfahrungen von frustrierten Kunden verbreitet werden.[178]

Der Einsatz der verschiedenen Instrumente, die das Internet in Fülle anbietet, soll all die Dimensionen koordinieren, um den Bindungseffekt jeder einzelnen zu erhöhen und auch die Rolle der Communities ins Positive zu wandeln.

---

[177] Vgl. N24.de (2006): Schlechte Internetseiten machen krank, 21.12.2006, URL: http://www.n24.de/wissen_ technik/multimedia/article.php?articleId=89909&teaserId=90522, Stand: 29.12.2006.

[178] Vgl. Hammerschmidt, 2006, S. 4.

6 Instrumente der Kundenbindung im Online-Handel

6.1 *E-Mail-Kommunikation*

Der Dialog über E-Mail ist heute aus dem privaten und geschäftlichen Leben nicht mehr wegzudenken. Das Versenden und Empfangen von E-Mails ist längst zum Standard geworden und stellt die wichtigste Nutzungsform des Internets dar. Für Kunden ist die E-Mail eine einfache und schnelle Methode, auch weil sie Medienbrüche vermeidet, die entstehen, wenn sie zum Hörer greifen, um Anfragen über Produkte oder Dienstleistungen zu stellen. Jedes Unternehmen kann die E-Mail als Marketing-Instrument in allen Phasen der Kundenbeziehungen erfolgreich einsetzen. E-Mail-Aktionen sind vom Kosten-Nutzen-Verhältnis her günstiger als konventionelle Kommunikationsmittel und bieten zudem auch die Möglichkeit der Personalisierung sowie hoher Kommunikationsgeschwindigkeit und Interaktivität.

In verschiedenen Phasen der Geschäftsabwicklung stehen unterschiedliche Einsatzmöglichkeiten des E-Mail-Marketings zur Verfügung.

In der Anfangsphase steht die Vertrauensbildung im Vordergrund, die bestrebt ist, aus Interessenten Kunden zu machen, wozu beispielsweise die persönliche Beantwortung einer Kundenanfrage per E-Mail gehört, da sie den ersten Kundenkontakt herstellt. Der Kunde ist aus seiner „Anonymität" herausgeschlüpft und hat damit stärkeres Interesse bekundet, welches mit einer präzisen und schnellen Antwort belohnt gehört. Damit überprüft der Kunde ungewollt die Support-Bereitschaft des Unternehmens und entscheidet sich infolgedessen für den Erstkauf oder auch nicht. E-Mails bieten gegenüber Telefonanrufen außerdem den Vorteil, dass der Kunde die Informationen schriftlich erhält und mehr Zeit zum Überlegen und Reagieren hat.

Folgend entstehen Anfragen über den Bestell- oder Zustellstatus, sofern diese nicht ohnehin in den Geschäftsprozessen integriert sind. Die Informationen, die den gesamten Einkaufsprozess begleiten und die dem Kunden via E-Mail mitgeteilt werden, wirken sich vertrauensbildend aus.

Ein Dankesmail nach erfolgreichem Abschluss des Einkaufs mit eventuellen Zusatzhinweisen zur gekauften Ware oder ein E-Mail-Fragebogen über den Verlauf der Bestellung zeigen dem Kunden, dass er ernst genommen wird und erhöhen seine Akzeptanz für Folgeaktivitäten.

Nach dem Erstkauf stehen die Kundenpflege und die Kundenbindung im Vordergrund. Es können E-Mail-Newsletter oder ein Benachrichtigungsservice z. B. für Rückrufaktionen angeboten werden. Als Direktmarketings-Instrument werden auch Ankündigungen z. B. über neue Produktaktualisierungen oder über Zusatzangebote und Prämien per E-Mail gesendet.

Kunden, die lange Zeit passiv waren, können via E-Mail mit personalisierten Spezialangeboten angesprochen oder es kann hinsichtlich ihrer Beschwerden nachgefragt werden. Daher ist es für einen Onlineshop überlebenswichtig, dass er auch für Beschwerden oder Reklamationen per E-Mail erreichbar ist. Viele Probleme lassen sich dadurch schnell aus dem Weg räumen.

Dieser Komplex von E-Mail-Anwendungen stellt Online-Anbieter vor neue Anforderungen hinsichtlich des E-Mail-Mangements. Die Kundenanfragen sollen nicht nur schnell beantwortet, sondern auch den richtigen Fachleuten zugeordnet werden, damit korrekte Antworten gewährleistet sind. Wichtig ist dabei die Koordination zwischen den verschiedenen Kommunikationskanälen wie z. B. Telefon, Fax oder SMS, denn ansonsten entstehen Missverständnisse, die Ärger bei den Kunden verursachen.[179]

Obwohl E-Mail-Marketing sehr breit einsetzbar ist, hat sich der Brennpunkt in den letzten Jahren verlagert und sich immer mehr vom Kundengewinnungs-Instrument weg in Richtung Kundenbindung bewegt. Dieser Trend wird auch durch die Tatsache unterstützt, dass die Neukundengewinnung um ein Vielfaches teurer ist als das Aufrechterhalten der bestehenden Kundenbeziehungen.[180]

Die Zielsetzung des E-Mail-Marketings, Kunden zu binden, ist meistens darauf angelegt, den Kunden einen Zusatznutzen anzubieten.

6.2 *Newsletter*

Newsletter ist eine Werbebotschaft oder Information, die per E-Mail versendet und von Unternehmen für das Kundenbindungsmanagement eingesetzt wird. DDV definiert Newsletter als, „periodisch versendete eMails an eine mehr oder weniger gleich bleibende Gruppe von Adressaten. Sie beinhalten meist kurze Meldungen, z. B. Unternehmens- oder Produktnachrichten zu bestimmten Themen."[181]

Die Intensivierung des Dialogs mit den Kunden soll deren Aufmerksamkeit erhöhen, sie zu Folge- oder Impulskäufen bewegen und sie langfristig an das Unternehmen binden.

---

[179] Vgl. Schwarz, T. (2004): Leitfaden eMail Marketing und Newsletter-Gestaltung: Erfolg im Online-Marketing: neue Kunden gewinnen und binden: Mailingkosten sparen. – Waghäusel: Absolit Dr. Schwarz Consulting, S. 186.

[180] Vgl. Riner, Q. (2004): Einsatzmöglichkeiten von E-Mail-Marketing, URL: http://www.nemuk.com/online_ permissionmarketing.html?knowledgebase.html, Stand: 03.12.2006.

[181] DDV Deutscher Direktmarketing Verband e. V. (Hrsg.) (2005a): eMail-Marketing: Dialog pur, 3. überarb. Aufl. – Wiesbaden, abrufbar im Internet, URL: http://www.ddv.de/shop/download/index.php, Stand: 04.01.2007, S. 8.

Diese Botschaft kann somit informierend, erinnernd oder einstellungsverändernd sein.[182]

Mit E-Mail-Marketing können sowohl bestehende Kunden als auch Interessenten angesprochen werden. Der Aufbau einer eigenen E-Mail-Adressendatenbank kann über eine Webseite, ein Kundenrundschreiben, ein Call-Center, eine Kundenzeitschrift oder über Empfehlungen durch Partner erfolgen.

Alle diese Wege haben eines gemeinsam: Vor dem ersten E-Mail-Versand muss die Einwilligung des Empfängers eingeholt werden, einerseits, weil das gesetzlich[183] gefordert wird und andererseits, weil unerwünschte E-Mails die Kunden verärgern, die dann umgehend den Newsletter abbestellen oder löschen. So werden 78 Prozent von Spam-Mails sofort gelöscht, ohne gelesen worden zu sein.[184]

Durch die Spezialisierung des Newsletters auf bestimmte Bereiche und Themen hat die Zahl der Empfänger zugenommen und ist für Unternehmen zu einem der wichtigsten Informationskanäle über das Internet geworden. So gaben 66 Prozent der Probanden an, dass sie E-Mail-Newsletters bekommen.

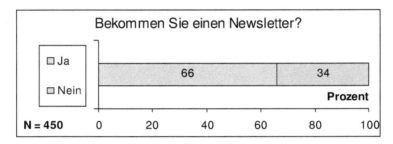

Abb. 51: Empfänger von Newsletter[185]

Einen Newsletter zu empfangen, bedeutet nicht automatisch, ihn auch geöffnet oder gelesen zu haben, weshalb die Kürze und die Prägnanz der Botschaft sehr wichtig sind. Die Ansprache in der Betreffzeile stellt den Beginn und ist entscheidend dafür, ob die Nachricht die Aufmerksamkeit des Lesers überhaupt weckt. Dazu gehört ebenso die Versandadresse, die eindeutige Rückschlüsse auf den Absender zulassen soll.

Inhaltlich gesehen existieren für einen Newsletter keine Standards, aber wie in der klassischen Werbung gilt auch beim E-Mail-Marketing der Spruch: „auf die Botschaft kommt es an". So können Informationen über neue Produkte, Sonderkonditionen oder

---

[182] Vgl. DDV, 2005a, S. 12.

[183] Vgl. § 7 Abs. 2 Nr. 3 UWG.

[184] Vgl. Schwarz, 2004, S. 8.

[185] Quelle: Eigene Umfrage, 2006.

Abverkauf, Gewinnspiele, Events, über das Unternehmen oder über dessen meist-gefragte Artikel per E-Mail verbreitet werden.

Dabei darf auf keinen Fall der Kundenwunsch außer Acht gelassen werden, denn der Kunde allein entscheidet, ob er solche Informationen wünscht oder nicht.

Diesbezüglich hat auch die Internetbefragung sehr eindeutige Ergebnisse erbracht, die in keiner anderen Frage so deutlich ausgefallen sind. Sie werden in Abbildung 52 dargestellt.

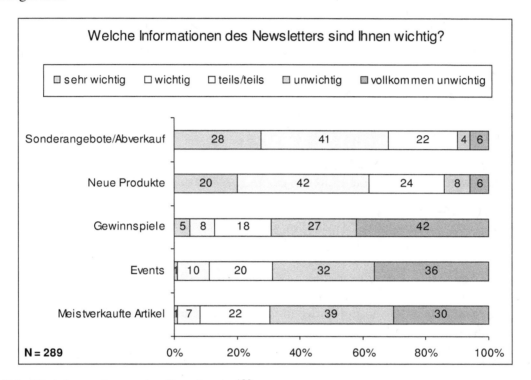

Abb. 52: Informationen des Newsletters[186]

Aus dieser Abbildung kann man klar herauslesen, dass der Sprung zwischen Sonderangeboten und Abverkauf mit insgesamt 69 Prozent „sehr wichtig" oder „wichtig" und neuen Produkten mit 62 Prozent sehr groß im Verhältnis zu den restlichen Fragen ist, die mit einer Wertung von 13 Prozent beginnen. Somit fällt die Entscheidung über inhaltliche Aspekte eindeutig auf die Angebote und die Informationen über die Einführung neuer Produkte. Solche Anlässe können Saisonangebote, Rabatte, Preissenkungen, Produktverbesserungen, neue Kataloge, ein Treuebonus oder Serviceangebote sein.

Es gibt keine festgelegten Grenzen, maßgeblich ist nur die Zielgruppe, die auch gesondert über eine Meinungsumfrage eruiert oder der Website-Statistik entnommen

---

[186] Quelle: Eigene Umfrage, 2006.

werden kann. So lassen sich aus den meistbesuchten Websites oder Suchbegriffen Schlüsse auf Kundeninteressen ziehen.

Anzumerken ist, dass auch Informationen wie z. B. über Events oder Gewinnspiele branchenspezifisch eine andere Gewichtung bekommen können. So können Veranstaltungen von Online-Brokern über Börse- und Analyse-Wissen einen anderen Stellenwert haben, der aber aufgrund der noch nicht so großen Verbreitung kaum zur Geltung kommt.

Bei der Darstellung dieser Botschaft sollte immer der Grundsatz: „So viel Information wie nötig, so wenig wie möglich"[187] beachtet werden, denn aus einer Studie von *Fittkau und Maaß* geht hervor, dass nur 21 Prozent ihre Newsletters lesen, weitere 51 Prozent überfliegen sie und 12 Prozent löschen die meisten Newsletters sofort.[188]

So lautet auch beim Newsletter das oberste Gebot, dass auf Anhieb erkennbar sein soll, worum es geht. Weiters sollen die Informationen übersichtlich strukturiert und gut lesbar sein.

Wichtige Aspekte in diesem Zusammenhang sind das Corporate Design, die personalisierte Ansprache, die Individualisierung sowie die Gestaltung und das Layout.

Das Corporate Design ist ein wesentliches Merkmal, um das Unternehmen oder den Onlineshop sofort wiederzuerkennen und blitzschnell zu entscheiden, ob man diesen Newsletter überhaupt bestellt hat oder ob man ihn lesen will.

Bei unpersonalisierten Nachrichten werden Informationen an viele Empfänger weitergeleitet. Die personalisierten Nachrichten bleiben inhaltlich zwar gleich, aber da der Empfänger persönlich angesprochen wird, fühlt er sich wertgeschätzt und reagiert mit erhöhter Aufmerksamkeit.

Die eigentliche Stärke des Newsletters liegt aber in der Individualisierung der Nachrichten, denn nur diese versorgen den Kunden mit speziell auf ihn zugeschnittenen Informationen, wodurch bestimmte Zielgruppen besser angesprochen werden können. Gerade die inhaltlich uninteressanten E-Mails lösen, wie die Abbildung 53 zeigt, das größte Bedenken gegen Newsletter aus. Obwohl diese Frage durch den Ja/Nein Filter über den Empfang von Newsletters differenziert für aktuell aktive und inaktive Empfänger gestellt wurde, sind die Ergebnisse so ähnlich, dass eine gesonderte Auswertung nicht erforderlich war.

Über zwei Drittel der Teilnehmer empfinden die Newsletters oft inhaltlich belanglos, weshalb es bedeutsam ist, bereits bei der Erhebung der Kundendaten die Kaufhistorie,

---

[187] DDV, 2005a, S. 12.

[188] Vgl. Schwarz, 2004, S. 8.

soziodemografische   Informationen   und   kundenspezifische   Wünsche
miteinzubeziehen.[189]

An zweiter Stelle der Bedenken steht das tägliche Problem der allgemeinen E-Mail-
Nutzung als wichtigstes Kommunikationsmittel. Bei den vielen E-Mails, die man
täglich bekommt, ist die jeweilige Lesezeit knapp, und überblickartig wird nur die
Kernaussage wahrgenommen. Daher sind die Gestaltung und das Layout wichtige
Kriterien für die schnelle Erkennbarkeit des persönlichen Nutzens.

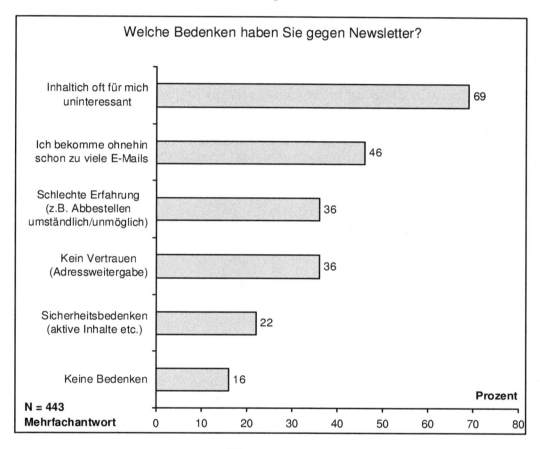

Abb. 53: Bedenken gegen Newsletter[190]

Inhalte lassen sich mit Bildern sehr gut visualisieren, und der unterlegte Hyperlink führt
direkt zum Produkt. Das Gleiche gilt für den Text, denn durch seine Aussagekraft und
durch die Formatierung schließen Kunden auf die Qualität des Angebotes.

Die Text-Formatierung und die Visualisierung werfen die Frage über das Format des
Newsletters auf, der als HTML oder Text erstellt werden kann. Während sich mittels
HTML das weiter oben erwähnte Corporate Design, der formatierte Text und die Bilder

---

[189] Vgl. DDV, 2005a, S. 13.

[190] Quelle: Eigene Umfrage, 2006.

problemlos in den Newsletter integrieren lassen, wird der reine Text-Newsletter nur mit Courier 10-Punkt-Schreibmaschinenschrift schlechter und somit schwerer lesbar dargestellt.[191]

Daraus resultieren die Vor- und Nachteile beider Formate. Da Text-E-Mails aus reinen ASCII-Zeichen bestehen, ist die Datei sehr klein und von allen E-Mail-Programmen lesbar. Die Bearbeitungszeit ist kurz und erfordet keine besonderen Kenntnisse. Nachteilig ist die geringe Gestaltungsmöglichkeit, die nichts anderes als das Hinzufügen von Hyperlinks zulässt.

HTML erlaubt es, die E-Mail attraktiv zu gestalten und auch eine direkte Antwort- und Bestellmöglichkeit hinzuzufügen. Die meisten E-Mail-Programme sind in der Lage, HTML zu lesen und richtig wiederzugeben. Dieses Format bietet auch sehr gute Möglichkeiten zur Analyse und bringt meistens höhere Responseraten mit sich.

Problematisch können allerdings Firewalls oder Spamfilter sein, die HTML-Inhalte blocken, weshalb einfachste HTML verwendet werden sollte. Auch soll der Kunde bei der Anmeldung nach dem bevorzugten Dateiformat gefragt werden.

---

[191] Vgl. Schwarz, 2004, S. 59.

```
Von:        EDUSCHO Newsletter [newsletter@eduscho.at]        Gesendet:  Do 23.11.2006 13:21
An:         gebek@tele2.at
Cc:
Betreff:   Nur noch bis Montag versandkostenfrei bestellen!

Liebe EDUSCHO Kundin, lieber EDUSCHO Kunde,

verpassen Sie nicht unsere Schnupperwochen bei EDUSCHO.at: Nur noch bis Montag, den 27. November 2006,
liefern wir Ihnen Ihre erste Bestellung versandkostenfrei!* Sie sparen 4,45 Euro!

Geben Sie einfach die Gutscheinnummer 302600 in das hierfür vorge- sehene Feld im Warenkorb ein oder
klicken Sie auf diesen Link:
http://www.eduscho.at/Gutschein?ID=302600&B=218&S=64

Der Gutscheinbetrag in Höhe der Versandkosten wird dann mit Ihrer Bestellung verrechnet.

Schauen Sie doch einmal in unsere aktuellen Themenwelten - hier finden Sie sicher etwas, das Ihnen
gefällt:

> Tafelzauber - edle Tischwaren und Porzellan Wohnzauber - Tische und
> Stühle zur Festtagsstimmung Willkommen im Ski-Paradies! Funktionale
> Wintersport-Outfits Spielzeug-Alarm! Spielsachen, Kleidung und jede
> Menge Spaß Meine weiße Winterwelt - winterliche Wohn-Accessoires Meine
> süße Winterwelt - Alles für die Back-Saison Verrückt nach Schnee -
> Schicke Pisten-Outfits für SIE So schön kann einfach sein - Modernste
> Unterhaltungselektronik

http://www.eduscho.at/Gutschein?ID=302600&B=218&S=64

Herzliche Grüße

Ihr EDUSCHO.at-Team


* Nur für Ihre erste Bestellung beim EDUSCHO Versand. Pro Haushalt nur eine versandkostenfreie Lieferung.
Der Gutschein ist nur gültig bei einer Bestellung im Internet.

---------------------------------------------------------------------------

Kontakt bei Fragen
eMail: mailto:service@eduscho.at
Telefon: (06 62) 80 76
EDUSCHO Versand, Postfach 888, 4018 Linz
```

Abb. 54: Beispiel eines Text-Newsletters[192]

Abbildung 54 zeigt einen typischen Text-Newsletter mit integrierten Hyperlinks, bei dem zwar der Absender und das Angebot im Betreff erkennbar sind, die inhaltliche Wahrnehmung aber mühsam und zeitaufwendig ist.

Im HTML-Newsletter der Abbildung 55 ist der Absender im Nu wahrnehmbar, und das Angebot weckt Neugier. Wenn aber Bilder nicht als Anhang mitgesendet werden, dann können sie nur online betrachtet werden.

---

[192] Quelle: Eduscho.at, Newsletter vom 23.11.2006.

Abb. 55: Beispiel eines HTML-Newsletters[193]

Mit 36 Prozent ist der Anteil jener Teilnehmer, die schlechte Erfahrungen mit dem Abbestellen gemacht haben, relativ hoch. Obwohl die Widerrufsmöglichkeit bei der Anmeldung und bei jeder E-Mail gesetzlich verankert sein muss, dürfte diese Möglichkeit kompliziert umgesetzt worden sein.

Deswegen ist die Abbestellfunktion so einfach wie möglich zu gestalten und direkt durch die Beantwortung der E-Mail oder durch einen Link zu erreichen sein. Die Abbestellung sollte nicht über weitere Formulare führen, die mit Fragen wie: „Sind Sie sicher, dass Sie abbestellen wollen?", versehen sind. Vielmehr sollte ein Onlineshop bei der Erstellung auf das Interessengebiet und die Attraktivität achten, um es gar nicht bis zu dieser Phase kommen zu lassen.

Die Bedenken über die Adressweitergabe sind mit 36 Prozent gleich hoch, obwohl allgemein bekannt ist, dass Adressdaten ohne Zustimmung nicht weitergegeben und nur zum angegebenen Zweck verwendet werden dürfen.

---

[193] Quelle: TECHNIKdirekt.de, Newsletter vom 09.10.2006.

Der Umgang mit persönlichen Daten muss extra als Datenschutzrichtlinie erläutert werden.[194] Einwilligung, Nutzung und Weitergabe von Daten werden ausführlicher im rechtlichen Teil dieser Arbeit behandelt.

Ein anderer wichtiger Aspekt ist die Häufigkeit des Newsletters. Die Tatsache, dass fast die Hälfte der Befragten ohnehin zu viele E-Mails bekommen, macht die Frequenz hinsichtlich der Informationsbelastung bedeutsamer. Ein allgemeingültiges Rezept gibt es nicht, und wie schon erwähnt, gilt auch hier: Es kommt darauf an. Je nach Angebot, Nachfrage und Branche kann die Häufigkeit von täglich bis monatlich oder seltener variieren. Online-Broker, Zeitungen oder Zeitschriften können z. B. Börsennews bzw. Nachrichten täglich verschicken, während für andere Online-Händler erst monatlich relevante Inhalte vorhanden sind. Die diesbezüglichen Ergebnisse der Online-Befragung sind in der Abbildung 56 dargestellt.

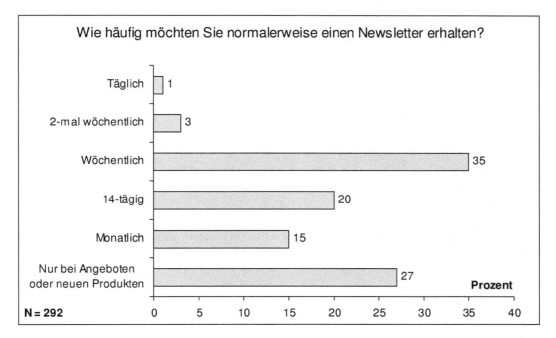

Abb. 56: Häufigkeit des Newsletters[195]

Diese Erhebung zeigt, dass Newsletters, die häufiger als wöchentlich gesendet werden, von Kunden nicht erwünscht sind und daher abbestellt oder gelöscht werden.

Im Rahmen dieser Studie wurden auch verschiedene Praxisbeispiele untersucht und die Reaktion diesbezüglich analysiert. So verschickte Schlecker.at zwischen 10.05. und 01.06.2006 sage und schreibe 10 Newsletters in einem ein- und zweitägigen Intervall.

---

[194] Vgl. § 4 Abs. 1 TDDSG.

[195] Quelle: Eigene Umfrage, 2006.

Dieser Newsletter wurde abbestellt. Zu beachten ist, dass die wahren Kosten nicht die E-Mail-Kosten sind, sondern die Abbestellerquoten.

Mit 27 Prozent wünscht fast ein Drittel der Probanden Newsletters nur bei Angeboten oder neuen Produkten. Viele Softwarehersteller wie z. B. Acronis gehen diesen Weg und informieren nur bei Updates oder Upgrades mit einer vergünstigten Erwerbsmöglichkeit.

Online-Händler können monatlich, zweiwöchentlich oder sogar wöchentlich Newsletters versenden, wenn diese mit konkreten Produktangeboten verbunden sind, durch die man sich eine Umsatzsteigerung erwartet.

Sinnvoll ist die Nutzung von Response-Tracking Software, um die Reaktion der Kunden zu messen und darauf reagieren zu können. So kann man durch die Öffnungsrate die Anzahl der Empfänger, die die E-Mail geöffnet haben, ermitteln. Wesentlich bedeutender ist die Klickrate, die den Anteil der Adressaten errechnet, die irgendeinen Link geklickt haben, denn dadurch kann man zwischen den Nutzern differenzieren, die mehrere Links oder mehrfach den gleichen Link angeklickt haben. So lassen sich die Themen für jede Zielgruppe interessenspezifisch trennen, und diese können beim nächsten Mailing separat angesprochen werden.

Mailing-Systeme bieten auch für die Erfolgsmessung immer mehr Möglichkeiten. Mit der Konversionsrate kann der Onlineshop die Zahl der Empfänger, die die gewünschte Aktion durchgeführt haben, eruieren. Daraus kann auch die Kundenbindungsrate errechnet werden, indem man die Anzahl der Kunden, die mehrmals einen Kauf durchgeführt haben, erforscht.

Anhand solcher Auswertungen lassen sich Entscheidungen über Häufigkeit, Zeitpunkt und Inhalt des Newsletters treffen. Das Verhältnis zwischen Anmeldungen und Abbestellungen nach einer Mailing-Aktion dient als Maß für die Qualität der Sendung.

Wichtig ist dabei auch die aktive Datenpflege, denn davon hängt die Genauigkeit dieser Kennzahlen ab. So kann man anhand der Bounces, die Fehlermeldungen von nicht erreichten Adressen zeigen, die E-Mail-Datenbank aktualisieren und die fehlerhaften Adressen korrigieren oder löschen. Auch die Trennung der HTML- von Text-Mails macht Sinn, denn die Öffnungsrate kann nur bei HTML-E-Mails ermittelt werden. Eine Klickrate unter 5 Prozent deutet auf Fehler in der E-Mail-Kampagne hin. Entweder sind die Inhalte uninteressant, oder die E-Mail-Adressen entsprechen nicht der Zielgruppe, und somit entstehen sehr hohe Streuverluste.[196]

Abschließend werden die verschiedenen Funktionen, die jeder Onlineshop von vornherein integrieren kann und die technisch kein Problem darstellen, aus der Sicht des Kunden – siehe Abbildung 57 – bewertet. Mit 91 Prozent wird noch einmal unmissverständlich klargemacht, dass Kunden eine einfache Bestell- und vor allem

---

[196] Vgl. Schwarz, 2004, S. 96.

Abbestell-Funktion wünschen. Die anderen Funktionen sind mehrheitlich erwünscht und dienen der Kundensegmentierung im Voraus.

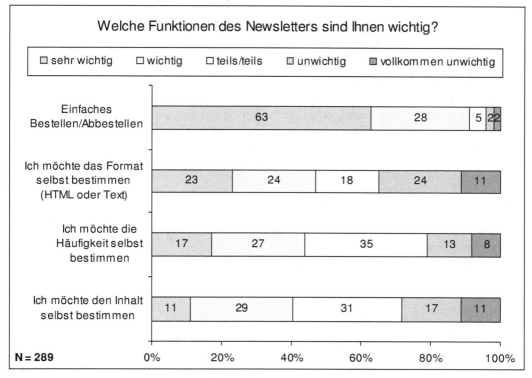

Abb. 57: Funktionen des Newsletters[197]

6.3 *RSS – Eine künftige Alternative*

RSS ist ein neues XML-basiertes Dateiformat und hat verschiedene Auslegungen erfahren, von *Rich Site Summary* über *RDF Site Summary* bis zu *Really Simple Syndication*.[198]

Es handelt sich um eine Technik, die es dem Nutzer ermöglicht, sich über neue Inhalte einer Website zu informieren. Im Gegensatz zu HTML enthält RSS nur den Inhalt einer Website, aber keinerlei Informationen über Layout oder Design, somit sind RSS-Dateien schlank und plattformunabhängig.

Das Konzept ist dem Newsletter ähnlich, indem ein Onlineshop seinen Interessenten oder Kunden eine kurze Nachricht sendet, um über Aktualisierungen zu diesem oder jenem Thema auf der Homepage zu informieren. Der Unterschied besteht darin, dass

---

[197] Quelle: Eigene Umfrage, 2006.

[198] Vgl. Volz, R. (2003): RSS kurzgefasst, 13.08.2003, URL: http://www.vrtprj.de/content/istandards/rssguide_ de.html, Stand: 08.12.2006.

diese Nachricht nicht per E-Mail gesendet wird, sondern auf der Website selbst als RSS-Feed abgelegt ist.

Wenn der User diesen Informationskanal einmal abonniert hat, dann können Nachrichten auf dem Computer des Interessenten in regelmäßigen Abständen automatisiert abgerufen werden. Die RSS-Technik macht Spam- und Phishing-Attacken unmöglich, da die Software nur die Texte, die auf dem Server des Absenders liegen, abruft. Die Handhabung ist denkbar einfach. Der Kunde kann verschiedene Bereiche per RSS-Feed abonnieren und behält trotzdem die volle Kontrolle, denn mit einem Mausklick kann der RSS-Strom unterbrochen werden.

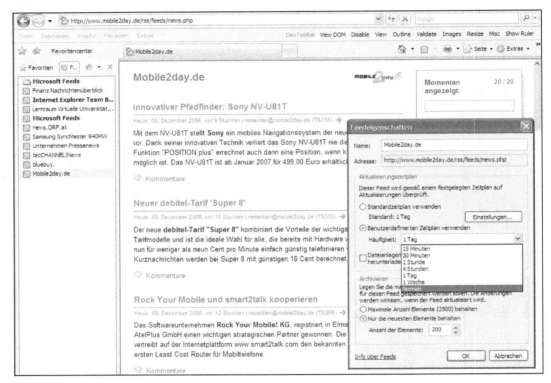

Abb. 58: RSS im Internet Explorer 7.0[199]

Leseprogramme gibt es mittlerweile zur Genüge, aber mit der Integration der RSS-Funktionen im neuen Microsoft Browser Internet Explorer 7.0, stellt sich das RSS-Protokoll allmählich ins Zentrum des Online-Marketings.

Die Abbildung 58 zeigt die RSS-Funktionalitäten von Internet Explorer 7.0. Auf der linken Seite werden alle abonnierten RSS-Feeds ähnlich den Favoriten angezeigt, zugleich werden aktualisierte Nachrichten in Fettschrift hervorgehoben. Das kleine Fenster auf der rechten Seite zeigt die Möglichkeiten, die der User hat, um das Abrufintervall einzustellen oder abzublocken. Somit übernimmt der Kunde die Kontrolle.

---

[199] Quelle: http://www.mobile2day.de/rss/feeds/news.php, Stand: 08.12.2006.

Die Einbindung von Audio- und Video-Dateien ist ebenso wie die Individualisierung technisch kein Problem. Abzuklären bleibt die Frage, wie der normale Internetnutzer mit zunehmenden RSS-Feeds in seinem Verzeichnis zurechtkommt, da die Gefahr besteht, dass Aktualisierungen in der Informationsflut versinken, zumal ältere Nachrichten nicht längerfristig gespeichert bleiben. Das ist allerdings ein allgemeines Problem des Informationsüberflusses, das auch den E-Mail-Newsletter betrifft. Der Newsletter bleibt zwar gespeichert, es gibt aber ebenso keine Garantie dafür, dass die Nachricht nicht sofort gelöscht wird.

Mittlerweile existieren diesbezüglich verschiedene Tools, die als Add-on zusätzlich installiert werden können und Abhilfe schaffen. Allerdings obliegen auch die Installation und die Einstellung dem Internetnutzer allein.

Abb. 59: Mozilla Firefox mit infoRSS[200]

Wie Abbildung 59 zeigt, erlaubt das infoRSS dem Firefox-Benutzer, die gewünschten RSS-Infos, die er selbst abonniert hat, z. B. als eine individuell einstellbare Scrollleiste, ständig vor Augen zu haben.

Der Vorteil für den Onlineshop besteht darin, dass man keinen Dienstleister für den Versand benötigt, und außerdem ist die Sperre von Spamfiltern irrelevant. Eine überstürzte Umstellung ausschließlich auf RSS ist derzeit jedoch bedenklich, da sich dieses Format in der breiten Öffentlichkeit noch nicht durchgesetzt hat.[201]

Für den Nutzer werden die Vorteile durch die Bündelung von Videos und Audios steigen, da dadurch auch Zeitersparnis gegenüber dem Besuchen einzelner Websites zu erwarten ist.

Nachteilig wirkt sich für Online-Anbieter die Gestaltung von RSS ohne Branding aus, da zuerst nur Textinhalte übernommen werden. Hierbei entstehen neue Anforderungen bezüglich Titel-Formulierung und RSS-Mix, um Interesse bei Kunden zu wecken. Auch die Pflege der Kundendaten bleibt gleich, denn ein anonymer RSS-Abonnent kann nicht individuell angesprochen werden, jedoch kann er sein Abonnement individuell konfigurieren.

Dennoch ist RSS eine wertvolle Ergänzung zum Newsletter, die neue Möglichkeiten verspricht und zudem ein enormes Potenzial birgt, um Interessenten, die ihre E-Mail-Adresse nicht weitergeben wollen, zu erreichen. Daher ist die Koordinierung aller

---

[200] Quelle: Eigene Darstellung.

[201] Vgl. ECIN (2005): RSS – Permission Marketing at its best?, 15.09.2005, URL: http://www.ecin.de/marketing /rss, Stand: 09.12.2006.

Instrumente der bessere Weg.

RSS-Marketing wird in naher Zukunft gewiss die benötigte Ausbreitung finden, denn die E-Mail-Überflutung und der tägliche Werbemüll haben gewaltige Ausmaße angenommen. So meldet The Sunday Times, dass es sich inzwischen weltweit bei neun von zehn E-Mails um Spams handelt. Das Sicherheitsunternehmen Postini spricht von 7 Milliarden Spam-Mails weltweit nur für den November 2006.[202]

Deshalb bieten neuartige Techniken wie RSS-Feeds neue Möglichkeiten, um bestehende Kundenbeziehungen zu verfestigen, mit Vorteilen sowohl für Empfänger als auch für Anbieter.

6.4 *Chat, Instant Messaging und VoIP*

Bekanntlich bietet das Internet verschiedene Kommunikationskanäle. Mit Chat oder Instant Messaging stehen weitere Möglichkeiten zur Verfügung. Grundsätzlich handelt es sich beim Chat um eine computerbasierte Kommunikation zwischen Personen, die sich im deutschen Sprachgebrauch als „chatten" eingebürgert hat. Der Unterschied zwischen beiden Formen ist nur technischer Natur, denn während Chat mit dem Web-Chat, der direkt in die Webseiten integriert ist, assoziiert wird, ist bei Instant Messaging in der Regel eine eigene Software nötig.

Unabhängig davon geht es hierbei vordergründig um den Chat als Dienst, der als aktive Versendung von Daten bzw. Texten, deren Übertragung via Internet von einem Computer zum anderen in Echtzeit stattfindet, zu verstehen ist. Welchen Nutzen könnte dieser Kanal dem Unternehmen bringen?

Die meistverbreiteten Kommunikationsmittel sind unbestritten Telefon und E-Mail. Eine Antwort per E-Mail kann Minuten, Stunden oder Tage dauern, während das Telefongespräch eine sehr aktive Interaktion erfordert, wobei die Teilnehmer nicht nur gleichzeitig verfügbar sein, sondern auch die Antwort parat haben müssen.

Im Gegensatz dazu erlaubt der Chat einem Kundendienstmitarbeiter, eine Anfrage des Kunden sofort zu beantworten oder sich zuerst selbst zu informieren. Der Kunde muss nicht an der Leitung warten oder erneut fragen, denn die Anfrage – besonders in Instant-Messaging-Systemen – wird protokolliert.[203]

Alfahosting.de bietet beispielsweise, wie die Abbildung 60 zeigt, für die eigenen Kunden rund um die Uhr Support mit integriertem Chat an, dessen Status sofort

---

[202] Vgl. Montague, B. (2006): Spam, spam, spam, spam… you´ve got mail, 19.11.2006, URL: http://www.timesonline.co.uk/article/0,,2087-2460324.html, Stand: 09.12.2006.

[203] Vgl. Schildhauer, T. (2005): Die Meta-Ebene der interaktiven Kommunikation: Instant Messaging im unterneh-merischen Einsatz, in: WIRTSCHAFT digital, o.Jg., Heft 2, S 46.

sichtbar ist. Solche Systeme können auch bei der Produktberatung oder dem Beschwerdemanagement eingesetzt werden. Daraus resultiert noch ein weiterer Vorteil von Instant Messaging, da jede Statusänderung umgehend angezeigt wird, und dem Kunden die Telefonwarteschleife erspart bleibt. Mit E-Mails und Spams überfüllte Postfächer, die an Überschaubarkeit verlieren, können durch den Einsatz von Chat-Systemen entsprechend gering gehalten werden und stellen für Unternehmen eine interessante Ergänzung zu den vorhandenen Kommunikationskanälen dar.

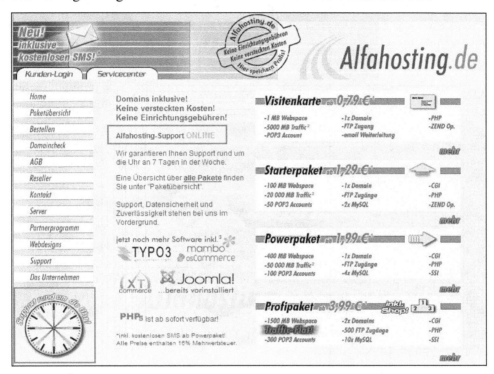

Abb. 60: Chat-Support[204]

Durch den erhöhten Funktionsumfang von Instant Messaging gegenüber dem Web-Chat stellt sich, wie bei allen derart mannigfaltigen Angeboten, die Frage des einzusetzenden Systems. So listet die deutschsprachige Wikipedia unter dem Begriff „Instant Messenger" über 32 verschiedene Lösungen auf.[205]

Wirklich interessant werden diese Systeme erst mit der Integration von VoIP, die als Abkürzung von Voice over IP und in Deutsch als IP-Telefonie bekannt ist. All diese Lösungen beinhalten nicht nur Chat-Funktionalität, sondern auch die verschiedensten Statusanzeigen, die Möglichkeit des Versendens von Dateien sowie Tele- und Videofonie.

---

[204] Quelle: http://www.alfahosting.de, Stand: 09.12.2006.

[205] Siehe: http://de.wikipedia.org/wiki/Kategorie:Instant_Messenger, Stand: 09.12.2006.

Die technische Lösung ist mittlerweile ausgereift und erlaubt sowohl die Telefonie über den Computer mit Hilfe von Software als auch den Einsatz eines eigenen VoIP-Telefons bei sehr guter Sprachqualität. Sogar die schnurlose Nutzung mittels WLAN ist möglich.

Primär ist aber nicht, welche dieser Lösungen eingesetzt werden, sondern es sind die damit verbundenen Einsparungen. So können Unternehmen aktuellen Studien zufolge bis zu 30 Prozent der Telekommunikationskosten einsparen. Diese Ersparnisse entstehen durch die kostenlosen Telefonate innerhalb eines Anbieters, durch Flatrates für Festnetztelefonate sowie durch die Infrastruktur, da nur ein einziges Datennetz benötigt wird.[206]

Auch bei den Privatpersonen ist die Internet-Telefonie bereits beliebt und wird durch den Zuwachs der breitbandigen Anschlüsse und günstigeren Flatrates weiter steigen. Die Internetbefragung – siehe Abbildung 24, Abschnitt 4.1.1 – ergab, dass 29 Prozent der Teilnehmer bereits diese Form der Telefonie nutzen und genauso Kosten sparen. Der meist verbreitete VoIP-Provider Skype meldet 7,2 Millionen User für Deutschland und 136 Millionen weltweit.[207]

In dieser Technologie steckt großes Potenzial, denn alle bereits erwähnten Funktionalitäten sowie auch Telefonkonferenzen können im Prinzip gleichzeitig stattfinden.

Durch die Internet-Telefonie können aber nicht nur Kostenvorteile erwartet, sondern es kann auch ein Mehrwert angeboten werden. Mitarbeiter, die sich mit dem eigenen Passwort einloggen, sind unabhängig vom Standort unter derselben Kennung oder SIP-Nummer erreichbar, was mehr Flexibilität erlaubt und zudem eine bessere Kundenbetreuung möglich macht.

VoIP könnte aber auch mit dem gesamten Datennetz des Unternehmens verbunden sein, wodurch die Kundenbetreuung zielführender würde, weil kundenbezogene Informationen bei eingehenden Anrufen zur Verfügung stünden und der Anruf automatisch an die zuständigen Mitarbeiter weitergeleitet werden könnte.[208]

Dieser Echtzeit-Dialog ist für Kunden so ähnlich wie eine individuelle Beratung und erhöht damit den Wert des Besuchs der Website. Die Integration der Videofonie in der Beratung bzw. Kommunikation stärkt zudem die persönliche Bindung, da durch den

---

[206] Vgl. BITKOM (2006b): Internet-Telefonie: Privatnutzer haben die Nase vorn, 16.10.2006, URL: http:// www.bitkom.de/de/presse/8477_42026.aspx, Stand: 09.12.2006.

[207] Siehe: Skype zählt 7,2 Millionen deutsche VoIP-User, http://www.via-voip.de/beitrag_Skype+z%E4hlt+7 %2C2 +Millionen+deutsche+VoIP+User_105.html, Stand: 09.12.2006.

[208] Vgl. Salzig, C. (2005): Keine Frage des OB – nur des WANN und WIE: Internet-Telefonie (VoIP): wirtschaft-licher und flexibler als die traditionelle Telekommunikation, in: WIRTSCHAFT digital, o. Jg., Heft 1, S. 35.

visuellen und akustischen Kontakt auch eine Bezugsperson vorhanden ist.

Alle diese Vorteile sowie die Integration der Internet-Telefonie in künftiger Office 2007 Version seitens Microsoft zeigen an, dass die Verbreitung von IP-Telefonie nur eine Frage der Zeit ist.

6.5 *Communities und die Mundpropaganda*

Das Internet erweist sich immer mehr als eine wahre Fundgrube hinsichtlich der Informationen, Tipps oder Tricks. Ermöglicht wird das durch sogenannte Online-Communities, die eine dauerhafte Gemeinschaft von Interessenten über spezifische Themen darstellen, die in Form von Foren, Chats, Newsgroups oder Weblogs vorhanden sein können. Egal welche Probleme man hat, im Internet existieren für alle Aspekte des Lebens geeignete Internetforen. Welche Bedeutung haben solche Entwicklungen für den Onlineshop?

Nichts liegt näher als der Gedanke, diesen Informationsbedarf selbst zu decken und die Anbieter-Kunden-Beziehung über die wirtschaftliche Ebene hinaus zu entwickeln, denn die Communities verbinden Nachfrager durch den Inhalt und realisieren daher ein soziales Netzwerk.[209]

Die Vorteile entstehen nicht nur durch die stärkere emotionale Bindung, sondern auch dadurch, dass viele Nutzer, die von Vorteilen eines Shop-Angebots oder eines Online-Anbieters überzeugt sind, ihre Erfahrungen mit anderen Interessenten teilen und so als wertvolle Multiplikatoren dienen. Dieses Phänomen, das auch im stationären Handel existiert, nennt man Empfehlungsmarketing oder eben Mundpropaganda.

Weshalb diese Bedeutung im Internet eine besondere Rolle einnimmt, zeigt die rasante Verbreitung von Internetforen. Nur der Forenanbieter ForumRomanum.de zählt weltweit über 350.000 angemeldete Diskussionsforen.[210]

Der Aktionsradius dieser Foren ist enorm, denn einige Mitglieder sind in mehreren Portalen tätig und empfehlen dort aktiv weiter bzw. verlinken Empfehlungen. So können Internetnutzer durch Communities, Newsgroups oder E-Mails statt vier Personen leicht 400 Personen oder mehr erreichen.

Die Reichweite sozialer Netzwerke wurde schon früher erforscht, und einige Theorien sind berühmt geworden. So gab es bereits in den 60er Jahren Experimente, durch die versucht wurde, die soziale Vernetzung zu analysieren. Die Versuche des amerikanischen Psychologen *Stanley Milgram* sind 1967 mit dem Spruch „six degrees

---

[209] Vgl. Wisotzky, 2001, S. 87.

[210] Siehe: ForumRomanum, http://www.forumromanum.de/index.php?&language=de, Stand: 10.12.2006.

of separation" rund um den Globus gegangen und haben sich als die Weisheit „Jeder kennt jeden über sechs Ecken" eingebürgert.[211]

Diese Hypothese, die als „Small World" oder als das „Kleine-Welt-Phänomen" bekannt ist, versuchte später im Internetzeitalter die Gruppe um *Duncan Watts* von der Columbia University in New York zu bestätigen, indem in einem globalen Experiment eine Nachricht per E-Mail verteilt und weitergeleitet wurde. Im Schnitt brauchten die E-Mail-Ketten nur fünf bis sieben Weiterleitungen, um die vorgegebene Zielperson zu erreichen.[212]

Folgerichtig kann man daraus ableiten, dass die digitale Kommunikation mit vielen Querverbindungen ein Garant dafür ist, dass sich Nachrichten rasend schnell verbreiten und dass sie auch die Zielgruppe erreichen. Besonders die schlechten Erfahrungen verdienen hier höchste Aufmerksamkeit, denn viele User suchen gerade danach gezielt. Web 2.0 macht es dem Internetnutzer leicht möglich, Inhalte zu generieren, Meinungen zu verbreiten, Onlineshops anzupreisen oder auch zu schädigen.

Die sozialen Online-Netzwerke besitzen ein gewaltiges Potenzial für den Online-Handel und können binnen kürzester Zeit einen kleinen Onlineshop zum Marktführer machen.[213]

Communities, die meistens als Diskussionsforen organisiert sind, werden nur durch die Inhalte beliebt, denn der Content ist der einzige „Wert" des Forums.

Für einen Onlineshop existieren grundsätzlich verschiedene Möglichkeiten, durch Communities Kundenbindung zu betreiben. Eine Möglichkeit ist der Aufbau eines eigenen Forums, das Kunden und Interessenten über Fachfragen berät und ihnen bei Problemen zur Seite steht. Im besten Fall werden die bestehenden Kunden zu Stammgästen und aktiven Teilnehmern, die oft als Meinungsbildner und Problemlöser fungieren und deren Aussagen hoch geschätzt werden, da sie eine höhere Glaubwürdigkeit besitzen als der Anbieter.

Aus kleinen Anfängen kann sich ein großartiges Support- und Beratungsforum entwicklen, das auch die anderen Geschäftsprozesse im Unternehmen beeinflusst. So können alle E-Mail-Anfragen, die bereits eine Antwort im Forum gefunden haben, entfallen. Aus positiven oder negativen Rückmeldungen der Käufer kann der Händler die Akzeptanz der angebotenen Waren oder Dienstleistungen erfahren und das Sortiment schneller anpassen.

[211] Vgl. Buchanan, M. (2002): Small Worlds: das Universum ist zu klein für Zufälle: spannende Einblicke in die Komplexitäts-Theorie. – Frankfurt; New York: Campus, S. 16.

[212] Vgl. Löfken, O. J. (2003): Jeder kennt jeden über sechs Ecken, 09.08.2003, URL: http://www.wissenschaft.de /wissen/news/225709.html, Stand: 10.12.2006.

[213] Vgl. Salzig, C. (2006): Social Commerce – Online-Handel der nächsten Generation, 07.11.2006, URL: http:// www.bvdw.org/uploads/media/2300_001_medienmittwoch_061106.pdf, Stand: 10.12.2006.

Wichtig dabei ist, dass nicht zu viele User zu viele Beiträge schreiben, sondern dass für alle Teilnehmer ein Gemeinschaftsgefühl entsteht.

Abbildung 61 zeigt das ER-Tronik-Portal, das zusätzlich zum Elektronik- und Sat-Onlineshop auch ein recht gut besuchtes Technik-Forum zu diesem Thema anbietet.

Die intensive Kommunikation zwischen den Teilnehmern erhöht natürlich die Transparenz, und frustrierte Kunden können für Angebote anderer werben. Daher sollte Kritik ernst genommen werden und als Ansporn für Verbesserungen dienen.

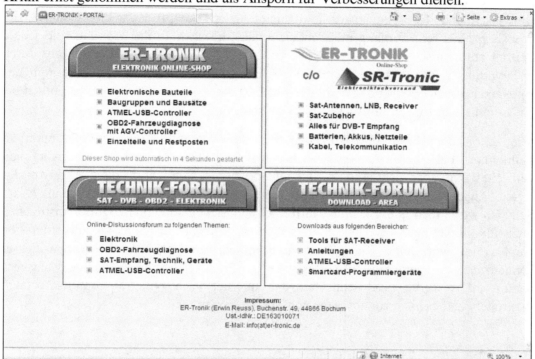

Abb. 61: ER-Tronik-Portal[214]

Zudem verbessert der Content der Community, der auch zusätzliche Links zu und von der Website erhält, die Position in den Suchmaschinen, wie bereits unter Suchmaschinen-Marketing erwähnt. Ebenso ist die Eintragung in verschiedene Verzeichnislisten für eine Community problemlos, während der kommerzielle Onlineshop nicht überall aufgenommen wird.

Auch Newsletter-Marketing könnte davon profitieren, denn die Nutzer registrieren sich mit der E-Mail-Adresse, und diese könnte bei dementsprechendem Einverständnis für verschiedene Marketing-Aktionen genutzt werden.

Das Aufbauen einer Community ist technisch zwar kein Problem, dennoch benötigt die kontinuierliche Wartung und Moderation viel Zeit und auch gute Ideen. Eine Lösung

---

[214] Quelle: http://www.er-tronik.de, Stand: 10.12.2006.

könnte z. B. eine Partnerschaft mit bereits vorhandenen und gut besuchten Internetforen oder die Beteiligung an verschiedenen Branchenforen als einfaches aktives Mitglied bilden.

Die Vorgehensweise hierbei mag unterschiedlich sein. Eine Möglichkeit ist die offene Ansprache, bei der man kenntlich im Namen des Unternehmens auftritt, eine andere ist das Auftreten inkognito als neutraler Teilnehmer.[215]

Bei der offenen Ansprache tritt man als mitdiskutierender Experte auf. Mit wertvollen Hinweisen und Tipps beweist man Kompetenz und knüpft Kontakte, wodurch der Webshop eine neue Zugangsmöglichkeit erhält, die auch in der Signatur, die jedem Beitrag automatisch zugefügt wird, zu finden ist. Allerdings sollte das dezent durch hochwertige und sachliche Beiträge erreicht werden, nicht durch aufdringliches Hinweisen auf Shopangebote, denn der Ruf des „Abzockers" kann negative Folgen bis hin zu massiven Umsatzeinbrüchen mit sich bringen.

Wie schon der Name sagt, tritt man bei der Inkognito-Ansprache als neutraler Teilnehmer bei verschiedenen Diskussionen auf. Diese Methode ist zwar weit verbreitet, wird aber nicht gerne gesehen, und daher ist Vorsicht geboten. Wenn nur das eigene Angebot angepriesen und dabei die „Aufdeckung" riskiert wird, dann ist der Schaden wesentlich höher als der Nutzen. Grundsätzlich sollten Inkognito-Ansprachen nicht für Marketingzwecke missbraucht werden, sondern nur als Kommunikationsweg dienen, um wertvolles Know-how zu sammeln und um die Zielgruppe besser kennenzulernen. Bietet ein Onlineshop oder ein Produkt einen tatsächlichen Mehrwert, dann wird sich die Nachricht über das Internet auch ohne „Inkognito" schnell verbreiten, und es kann zudem offen angesprochen werden.

---

[215] Vgl. Holzapfel, 2006, S. 66.

Abb. 62: Cyberbloc.de[216]

Eine neue Form, um eine eigene Community zu bilden, bieten Weblogs, die zunehmend beliebter werden. Weblogs sind eine Art Online-Tagebuch, die vom Aufbau her vom klassischen Forum abweichen, denn die Hauptbeiträge werden vom Betreiber oder von einem Autorenteam verfasst und können von Besuchern nur kommentiert werden. Somit gibt der Betreiber das Thema vor und sorgt für eine einheitliche Struktur. Der Aufwand ist gering, denn es sind keinerlei Vorkenntnisse notwendig.

Ein Unternehmen kann ein eigenes Weblog betreiben, das Interessenten über neue Entwicklungen, Angebote oder Praxistests informiert. Inhaltlich kennen Weblogs weder beruflich noch privat Grenzen, über alles kann geschrieben werden.

So bietet Cyberport.de ein Online-Tagebuch der Mitarbeiter an, das wie die Abbildung 62 zeigt, auch kurze Videos mit Produktvorstellungen beinhalten kann. Manche Unternehmen wie z. B. Amazon verwenden ein ähnliches, vereinfachtes System, das dem Kunden das Verfassen von Rezensionen über angebotene Artikel erlaubt.

Tatsächlich werden Weblogs von Unternehmen kaum genutzt, ihr Einsatz beschränkt sich eher auf Gegendarstellungen, die als Kommentar zu Beiträgen abgegeben werden,

---

216   Quelle: http://www.cyberbloc.de/index.php?/site/comments/der_cp24_videovergleich,   Stand: 10.11.2006.

um negative Äußerungen hinsichtlich ihrer Produkte oder Bestellabläufe zu entkräften.[217]

Die Vorteile von Weblogs sind denen der eigenen Community ähnlich, aber die Wirkung einer zusätzlichen Verlinkung, die aufgrund der Blog-Technologie für jeden Eintrag einen individuellen Link bereitstellt, bietet einen zusätzlichen Wert.

Alle diese Maßnahmen haben eine weitere noch bedeutsamere Auswirkung, nämlich die am Anfang erwähnte Mund-zu-Mund-Propaganda oder das Viral Marketing, wie es in der Fachsprache genannt wird.

Verbraucher werden im Informationszeitalter mit Angeboten und Werbungen regelrecht überflutet, worunter die Aufnahmefähigkeit leidet. Doch die Empfehlungen von Freunden, Bekannten und eben von Internetforen gewinnen an Bedeutung, da der Nutzer solche Empfehlungen nicht als lästige Werbung betrachtet, sondern als Unterstützung beim Treffen seiner Entscheidung.

Die Werte, die bei der Suche nach einem Onlineshop zugunsten der Empfehlungen fallen, lassen sich besonders im Elektronik- und Hardwarebereich mit den umfangreichen technischen Merkmalen, die viele Nutzer nicht genau zuordnen können, erklären. Daher wird „fremde" Hilfe gerne in Anspruch genommen, sie kann sogar als Entscheidungskriterium Nummer Eins dienen.

Einerseits wirken also die Erfahrungen anderer Kunden als Multiplikator, andererseits wird eine interessante, hilfreiche und gezielte Botschaft, die im Internet auch lustig oder provokant sein darf, von aktiven und gut vernetzten Forenteilnehmern gerne aufgenommen und schnell verbreitet. So z. B. hören 3 Millionen Menschen bezüglich eines erfolgreichen Films einerseits auf die Empfehlungen von nur 3000 Menschen, andererseits beeinflussen diese 3 Millionen weitere 30 Millionen Zuschauer.[218]

Der Aufbau oder die Teilnahme an einer Community zielen unter anderem auf die Beeinflussung genau dieser 3000 Teilnehmer ab und sind außerdem kostengünstiger und effektiver als die bezahlte Werbung.

6.6 *Avatare und virtuelle Kaufberatung*

Wie den vorigen Abschnitten entnommen werden kann, stellt die virtuelle Kaufberatung ein wichtiges Kriterium bei der Shopauswahl dar. Auch das Fehlen des Anschauens und Berührens des Produkts stehen als Bedenken ganz oben in der Umfrage. Avatare und die virtuelle Kaufberatung versuchen, genau diese Lücke zwischen dem stationären und dem elektronischen Handel zu schließen.

---

[217] Vgl. Holzapfel, 2006, S. 36.

[218] Vgl. Holzapfel, 2006, S. 74.

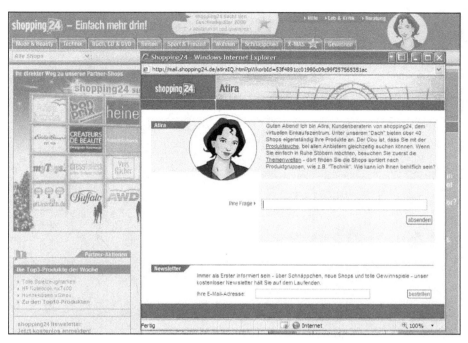

Abb. 63: Shopping24 mit Atira als Avatar[219]

Als Avatare werden virtuelle Assistenten oder digitale Sprecher bezeichnet, die dem Kunden als Ansprechpartner zur Verfügung stehen. Avatare können umfangreiche Funktionen wie die Unterstützung bei der Navigation, die Beratung bei Produkten und Dienstleistungen oder die Beantwortung von FAQs übernehmen. Neben dieser Hilfeleistung sollen Avatare auch die fehlende direkte Kommunikation ausgleichen und darüber hinaus eine emotionale Bindung erreichen.

Atira von Shopping24.de beantwortet Fragen und fungiert so als Hilfe. Avatare in dieser Form sind derzeit nicht weit verbreitet, und das Interesse scheint gering zu sein. Ob Avatare oder Online-Berater, wichtig ist die Funktionalität und nicht die Erscheinungsform.

Die Online-Kaufberatung ist ein ähnliches System, das schnell, bequem und in wenigen Schritten zu den interessanten Produkten führt. Durch technisch ausgereifte Such- und Sortiersysteme sowie verschiedene 3D-Darstellungsmöglichkeiten spielt die virtuelle Beratung eine wichtige Rolle bei der Kaufentscheidung des Kunden.

Dadurch kann je nach Branche und Produkt jeder Onlineshop seinen Kunden die verschiedenen Eigenschaften näher bringen und durch eine gelungene Präsentation den Gang zum stationären Handel ersetzen. Eine einfache Beratung ist grundsätzlich ein Sortiersystem, das dem potenziellen Käufer aus den zahlreichen Angeboten das für ihn geeignetste Produkt heraussucht.

---

[219] Quelle: www.schopping24.de, Stand: 13.12.2006.

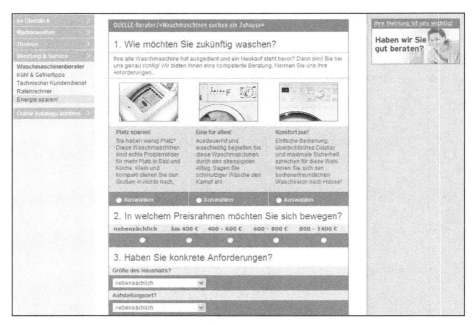

Abb. 64: Waschmaschinenberater von Quelle.de[220]

So kann der Kunde im Onlineshop von Quelle.de seine wesentlichsten Kriterien wie Verwendungszweck, Preis oder Marke festlegen und bekommt aus einem Bestand von z. B. 127 Geräten eine engere Auswahl angezeigt. Diese Form der Hilfe ist für jeden Onlineshop unerlässlich und sollte noch verfeinert werden können.

Besonders im Technikbereich ist der Unterschied zwischen den verschiedenen Produkten ohne eindeutige Sortierung kaum mehr zu erkennen. Auch wenn sich der Verbraucher auf eine Marke festgelegt hat, ist die Differenzierung der Variantenvielfalt innerhalb einer Marke oft mühsam, denn der aktuelle Trend geht immer mehr in Richtung Vielfalt von ähnlichen Produkten, die nur im Detail voneinander abweichen.

Das Internet bietet zwar genug andere Möglichkeiten, um sich zu informieren, aber die eigenen Beratungsmöglichkeiten werten den Shop auf und steigern außerdem seine Bekanntheit, da sich viele Website-Besucher ohne Kaufabsicht informieren.

---

[220] Quelle: http://www.quelle.de, Stand: 13.12.2006.

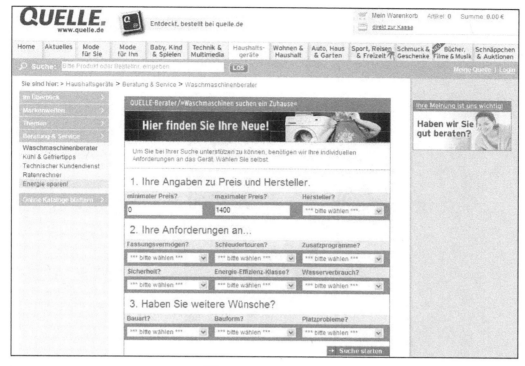

Abb. 65: Profisuche von Quelle.de[221]

Abbildung 65 zeigt die detaillierte Sortierfunktion von Quelle.de, die jetzt merklich mehr Suchkriterien anbietet und die auch auf die technischen Details eingeht.

Ein anderer wichtiger Aspekt ist die bildliche Darstellung der Produkte, da der potenzielle Käufer die Website aus Eigeninitiative besucht und die Entscheidung ein mehrdimensionales Konstrukt ist, das von Produkt, Marke, Eigenschaften, Aussehen und anderem abhängt. Daher kann eine gute Visualisierung das Involvement, das in diesem Zusammenhang den Grad des Interesses des Verbrauchers darstellt, erhöhen.[222]

Die technische Realisierung kann im Internet verschiedenartig sein. Angefangen von einfachen Abbildungen über dreidimensionale Ansichten bis hin zu Audio- und Video-Präsentationen ist alles möglich. Eine gute Darstellung kann von Kunden und Interessenten wohlgemerkt auch als Referenz aufgenommen werden sowie als ständige Informationsquelle dienen. Das wirkt sich wiederum positiv auf die bereits im oberen Abschnitt besprochene Mundpropaganda aus. Abhilfe schaffen hierbei auch Hersteller, wenn sie ihre Produkte rechtzeitig präsentieren und für eine shopunabhängige Beratung sorgen.

---

[221] Quelle: http://www.quelle.de, Stand: 14.12.2006.

[222] Vgl. Fritz, 2004, S. 122.

Abb. 66: Sony's 3D-Ansicht[223]

Sony bietet für die eigenen Produkte, wie die Abbildung 66 zeigt, eine detaillierte 3D-Ansicht, die kaum Wünsche offen lässt. Auf jeden Fall sollte eine Produktabbildung in keinem Onlineshop fehlen. Bedingt durch die verkürzten Produktlebenszyklen und die schnellen technischen Entwicklungen, werden aber oft neue Produkte eingeführt, bei denen noch keinerlei Daten oder Abbildungen existieren. Käufer sind in diesem Fall zurückhaltend, und den Besucheransturm kann jener Onlineshop, der als Erster den Artikel visualisiert, für sich verbuchen.

Die bildliche Darstellung mit den wesentlichsten Merkmalen und den dazugehörenden technischen Daten ist nur eine einfache Möglichkeit der Online-Beratung. Je nach Produkt kann ein Onlineshop den Kunden auch mehr anbieten und verschiedene Funktionalitäten in einer Lösung integrieren.

Noblelook.com bietet z. B. eine umfangreiche Online-Beratung, indem es eine Software zur Verfügung stellt, um dem Kunden eine virtuelle Anprobe zu ermöglichen.

Der Interessent kann das eigene Foto hochladen, verschiedene Brillen von der Website herunterladen und anschließend beliebige Kombinationen anprobieren. Dabei handelt es

---

[223] Quelle: http://www.sony.at/view/ShowProduct.action?product=DSLR-A100&site=odw_deAT&pageType=3D& category= DSS+Digital+SLR, Stand: 14.12.2006.

sich um eine Kombination aus Produktabbildung und Anprobewunsch, die einer persönlichen Beratung nahe kommt.

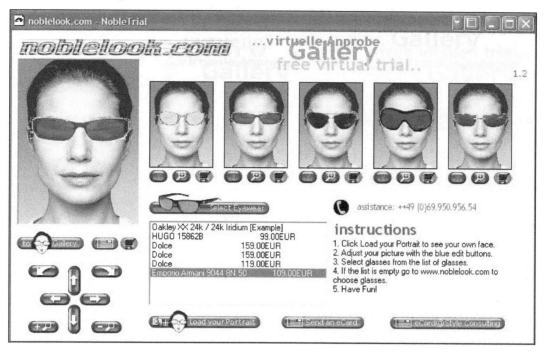

Abb. 67: Virtuelle Anprobe von Noblelook.com[224]

Diesen Weg gehen auch andere Branchen wie z. B. die Autozubehörbranche, die einen ähnlichen Online-Berater für die Auswahl von Leichtmetallfelgen zur Verfügung stellt.

Die Verbreitung der breitbandigen Anschlüsse erlaubt mittlerweile auch andere Formen der Online-Darstellung, die einer realen Präsentation ähneln. So stellen Video- und Audio-Präsentationen technisch kein Problem mehr dar. Bereits in der Abbildung 62 wurde die Videopräsentation in Blogs von Cyberport.de erwähnt.

Andere Branchen gehen noch weiter und bieten nicht nur eine Online-Beratung, sondern vollständige Videoseminare an, die sogar als Trainings-Kurse dienen, oft aber nur für die eigenen Kunden.

Der Online-Broker Brokerjet.at bietet auf seiner Website z. B. ein vollständiges Trading- und Trainings-Seminar an, bei dem sogar das Wissen mittels Kontrollfragen abgeprüft werden kann.

Zusammenfassend lässt sich sagen, dass die Möglichkeiten des Internets für die Online-Beratung vielfältig und innovativ sein können, und dass sie den Bekanntheitsgrad des Onlineshops, der Marken oder des Herstellers erhöhen. Zudem dient die Entwicklung

---

[224] Quelle: Eigene Darstellung, NobleTrial frei zum Download unter: http://www.noblelook.com/catalog/nbk.php, Stand: 14.12.2006.

und Verbreitung solcher Konfiguratoren und Berater auch dem Online-Handel allgemein, denn dadurch werden neue Möglichkeiten eröffnet, auch Produkte, die einen höheren Beratungsbedarf benötigen, online zu verkaufen.

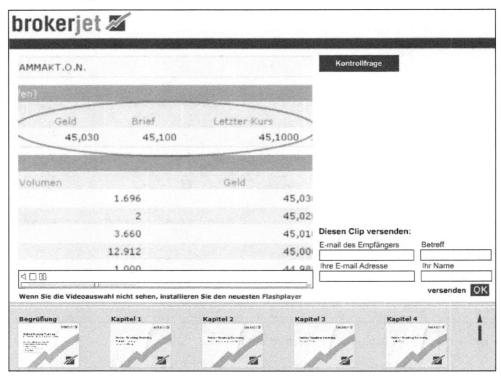

Abb. 68: Online-Tradingseminar von Brokerjet.at[225]

6.7 *Aspekte der Individualisierung*

Die Vorteile der Individualisierung, die einen Mehrwert bieten und gleichzeitig einen Vergleich erschweren, wurden bereits unter dem Abschnitt Produktpolitik erwähnt. Bekanntlich bewegt sich der Individualisierungsgrad zwischen der Einzelfertigung und der Massenfertigung. Dabei stellt sich die Frage: Welche konkreten Möglichkeiten bietet das Internet, um eine kundenindividuelle Massenfertigung zu ermöglichen? Im Online-Handel können einige Formen der Individualisierung unterschieden werden.

Das Individualisieren kann zunächst durch den Kunden selbst vorgenommen werden, wenn der Anbieter diese Möglichkeit bereitstellt. Bei Software kann z. B. die Benutzeroberfläche nach Bedarf angepasst werden. Auch Internet Provider haben mittlerweile umfangreiche Softwarepakete und diverse Tools im Angebot integriert, die von den Kunden individuell angepasst werden können.

---

225 Quelle: https://brokerjet.ecetra.com/at/knowledge_center/e_learning/ottv/index.phtml, Stand: 14.12.2006.

Der Online-Handel bietet oft eine Anfertigung nach dem Baukastenprinzip, bei dem die verschiedenen Einzelkomponenten vom Kunden herausgesucht und beim Händler zusammengebaut werden.

Abb. 69: Dell's Online-Konfigurator[226]

Dell ist inzwischen in der Computerindustrie mit seinem System-Konfigurator sehr bekannt geworden. Andere Händler haben nachgezogen, und der Online-Konfigurator ist mittlerweile fast Standard in allen Hardware-Shops.

Abbildung 69 zeigt den Dell-Konfigurator, der gleichzeitig auch eine Beratung in Form von Videoclips anbietet. Daraus ist ersichtlich, welch interessante Kombinationsmöglichkeiten das Internet dem Online-Handel ermöglicht.

Hersteller haben natürlich mehrere Möglichkeiten, Produkte in Einklang mit den Kundenwünschen zu bringen. Eine einfache Möglichkeit ist das Bereitstellen von verschiedenen Produktvarianten von vornherein. Aus diversen Marktanalysen und der Kundenintegration durch die Communities können die Erwartungen der Kunden gesammelt und das Sortiment durch die Modifikation der bestehenden Merkmale den unterschiedlichen Bedürfnissen einzelner Kundengruppen angepasst werden.

---

[226] Quelle: http://www.dell.de, Stand: 16.12.2006.

Hersteller können einfach nur Versuche starten, um eine neue Segmentierungs-
möglichkeit zu testen.

Abb. 70: Der Style von Sony VAIO[227]

Wenn jemand glaubt, dass ein Notebook entweder schwarz oder grau sein muss, dann
irrt er sich. Sony versucht mit der neuen VAIO C-Serie der Elektronikwelt Farbe
einzuhauchen und liefert unter dem Motto „Das leben [sic] ist bunt"[228] auch die
passende Tragetasche und Maus z. B. in Pink dazu.

Nachdem sich das bereits erklärte „Case-Modding" mittlerweile durchgesetzt hat und
sich Case-Modding-Gemeinden gebildet haben, ist es leicht möglich, dass in naher
Zukunft ein schwarzer Laptop schwer zu finden sein wird.

Jedes Individualisierungskonzept kann natürlich durch verschiedene Serviceleistungen
weiter angepasst und ergänzt werden. So werden häufig eine verlängerte Garantiedauer,
verschiedene Versicherungspakete oder weltweite Reparaturmöglichkeiten angeboten,
die aber nur dann eine Besonderheit darstellen, wenn sie nicht auch bei den anderen
Mitbewerbern eingeführt oder gar zum Standard werden.

Eine wesentlich bessere Möglichkeit bietet die Individualisierung von Teilprozessen der
Fertigung, bei der entweder die Vor- oder die Endfertigung nach Kundenwünschen
erfolgt, der Rest bleibt standardisierte Massenfertigung.[229]

Das Internet erlaubt es dem Unternehmen, direkt mit den Endkunden in Kontakt zu
treten und so selbst als Online-Anbieter zu agieren. So bietet der
Sportausrüstungsausstatter Nike einen umfangreichen Online-Konfigurator an, bei dem

---

[227] Quelle: http://vaiopro.sony-europe.com/product_gallery/index.php?s=c&c=de, Stand: 16.12.2006.

[228] Sony Style Europe : C-Serie, URL: http://shop.sonystyle-europe.com/SonyStyle/b2c/deeplink.do?s= externa&ss= vaioc1&countryId=DE&campaignId=LEC-ODWC1, Stand: 16.12.2006.

[229] Vgl. Schuckel/Ritzka, 2001, S. 90.

nicht nur Schuhe, sondern auch andere Artikel individualisiert und sogar mit eigenem Namen personalisiert werden können. Die Einzelteile werden in verschiedenen vordefinierten Farben bereitgestellt, der Kunde sucht sie aus, und die Schuhe gehen weiter in die standardisierte Endfertigung.

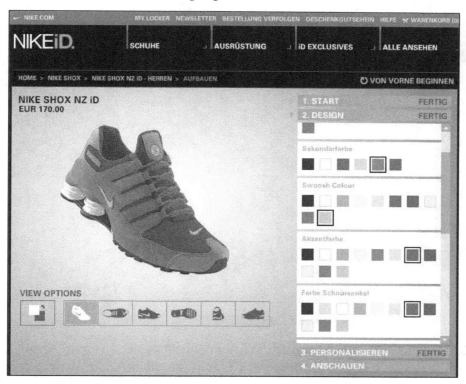

Abb. 71: Nike's Online-Konfigurator[230]

In der Bekleidungsindustrie wird mit dem Zuschneiden der Stoffe nach Maß schon in der Vorproduktion mit individueller Fertigung begonnen. So bietet z. B. Dolzer maßgeschneiderte Damen- und Herrenkonfektionen, wie in der Abbildung 72 dargestellt, auch online an. Dafür werden in verschiedenen Schritten alle Komponenten ausgewählt und die individuellen Maße übermittelt. Nach dem Zuschnitt erfolgt dann der Endprozess standardisiert.

Dieses Konzept kann sehr weitreichend sein und bis zur Herstellung von Unikaten gehen. Der direkte Onlineweg zum Endkunden macht das möglich, und in Kombination mit modernen Fertigungstechnologien sollen außerdem die Kostenvorteile einer Massenfertigung erreicht werden.[231]

---

[230]   Quelle: Eigene Darstellung mit Nike Schuh-Konfigurator unter: http://nikeid.nike.com/nikeid/index.jhtml?ref= emealanding&sitesrc=emealanding#build,shox, _ 73686f4e5a30363035,, , Stand: 16.12.2006.

[231] Vgl. Schuckel/Ritzka, 2001, S 91.

Auch komplexe Produkte, die zwar aus standardisierten Modulen bestehen, jedoch schwer zu beschreiben und zu beurteilen sind, können mit Hilfe von Produktkonfiguratoren und 3D-Grafiken online vom Kunden zusammengestellt und bestellt werden.

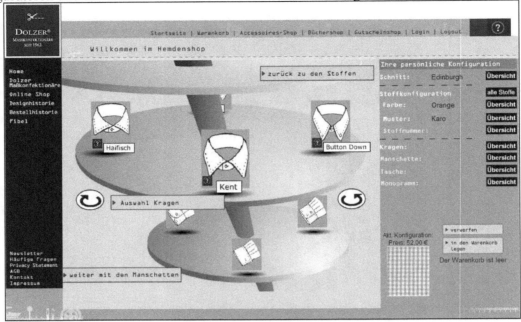

Abb. 72: Hemden-Konfigurator von Dolzer.de[232]

Die Kombination verschiedener Techniken ermöglicht es dem Kunden beispielsweise, eine vollständige Einrichtung nach Maß selbst zu planen, sie dem persönlichen Geschmack anzupassen und sich anschließend für eine Komplett-, Teil- oder Selbstmontage zu entscheiden.

So bietet das Einrichtungshaus IKEA eine kostenlose 3D-Planungshilfe zum Download an, die dem Kunden bequem, schnell und präzise von zu Hause aus die Planung der Einrichtung und deren Betrachtung aus jeder Perspektive erlaubt. Mit sechs Schritten von der Stilrichtung bis hin zur Montageleistung soll der Kunde z. B. seine individuelle Traumküche verwirklichen, die durch eine umfangreiche Auswahl und durch die Kombination verschiedener Einzelteile in ihrer Gesamtheit einem Unikat nahe kommt.[233]

All diese Beispiele zeigen, dass die Informations- und Kommunikationstechnologie mit Hilfe der virtuellen Realität auch das Vermarkten von nicht idealen Produkten über einen Onlineshop einerseits ermöglicht, und andererseits die Vergleichbarkeit dieser individuellen Lösungen mit anderen Shops erschwert.

---

232 Quelle: http://www.dolzershop.de/online/shop/index2.php, Stand: 16.12.2006.

233   Siehe: IKEA   6   einfache   Schritte, http://www.ikea.com/ms/de_AT/complete_kitchen_guide/easy_planning /index.html, Stand: 19.12.2006.

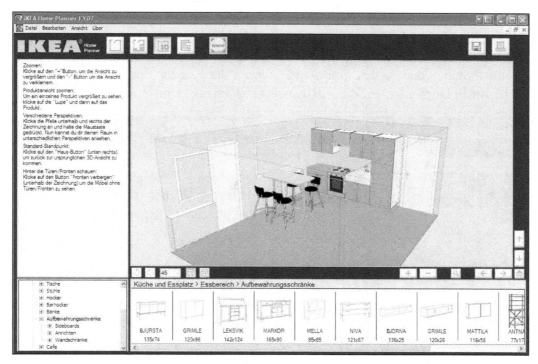

Abb. 73: 3D-Küchenplaner von IKEA[234]

6.8 Finanzielle Anreizsysteme

Als klassische Maßnahmen der Entgeltsebene wurden Rabatt- und Bonusprogramme erwähnt, die im Online-Handel aufgrund der steigenden Preistransparenz einen höheren Stellenwert in der Kundenbindung erreichen. Bonusprogramme werden seit längerem im stationären Handel eingesetzt und funktionieren auf Basis gesammelter Punkte, die nach Erreichen einer festgelegten Schwelle in eine Prämie umgewandelt werden können.

Diese Art von Programmen soll die ökonomischen Wechselkosten erhöhen, die dem Kunden durch Opportunitätskosten entstehen, wenn er zur Konkurrenz wechselt, denn dann verzichtet er auf neue Punkte und riskiert, die benötigten Punkte für die Prämie nicht zu erreichen.[235]

---

[234] Quelle: Eigene Darstellung, Küchenplaner frei zum Download unter: http://www.ikea.com/ms/de_AT/complete_ kitchen_guide/planner_tool/download/index.html, Stand: 19.12.2006.

[235] Vgl. Gerner, B., van Baal, S. (2006): Bonusprogramme – ein Instrument zur Kundenbindung im E-Commerce, 04/2006, URL: http://www.ecc-handel.de/bonusprogramme_eo_ein_instrument_zur_46092.php, Stand: 20.12.2006.

Die Teilnahme an solchen Bonusprogrammen ist meistens mit der Erhebung von Kundendaten verbunden, die der Kunde freiwillig zur Verfügung stellt. Zusammen mit den getätigten Käufen bilden diese Daten wertvolle Informationen zum Konsumverhalten und zu den Produktpräferenzen der Kunden und erlauben somit dem Unternehmen langfristig, auf die Kundenwünsche einzugehen.

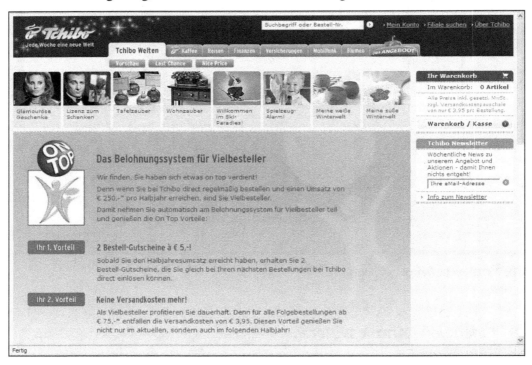

Abb. 74: Belohnungssystem von Tchibo.de[236]

Tchibo.de bietet z. B. ein gestaffeltes Prämiensystem, das den Kunden mit dem Erreichen der ersten Einlöseschwelle mit Gutscheinen belohnt, und bei der zweiten Stufe entfallen auch die Versandkosten.

Rabatte stellen einen direkten unmittelbaren Vorteil dar und sind gleichermaßen für die Neukundengewinnung, Kundenbindung und Kundenrückgewinnung geeignet. Das Internet eröffnet ungeahnte Möglichkeiten für die vielfältige Umsetzung solcher Strategien. Im Prinzip stellt ein Rabatt einen Preisnachlass dar, daher wirkt er sich unabhängig von der Erscheinungsform preismindernd aus.

Neukunden können z. B. durch eine versandkostenfreie Erstbestellung motiviert werden, wobei dieser Verlust durch mögliche Folgekäufe wettgemacht werden kann.

Gutscheine, die als virtuelle Rabattmarken per E-Mail versendet oder die auf der Website zur Verfügung gestellt werden, erfreuen sich großer Beliebtheit und locken

---

236   Quelle: http://www.tchibo.de/is-bin/INTERSHOP.enfinity/eCS/Store/de/-/EUR/TdTchStatic-Start?StaticType =ontop, Stand: 20.12.2006.

neue wie auch bestehende Kunden immer wieder in den Onlineshop. Besonders Onlineshops mit sehr breitem Warenangebot, die auch niedrigpreisige Produkte führen, können den Gutschein mit anderen Konditionen wie Mindestbestellwert oder einmalige Nutzung verbinden und somit auch für steigenden Umsatz sorgen.

Treuerabatte können im Rahmen der Kundenbindungsprogramme als Belohnung für die regelmäßigen Käufer eingesetzt werden und sind außerdem ein gutes Hilfsmittel, um verlorene Kunden wieder anzusprechen. Wenn ein Kunde über längere Zeit nichts bestellt hat, dann kann durch eine gezielte Gutscheinaktion wie z. B. „Ihr Comeback ist uns 10 Euro wert" oder Ähnliches versucht werden, diesen Kunden zurückzuholen oder die Gründe des Geschäftsabbruchs zu erfahren.

Abb. 75: Produktbezogene Gutschrift von Amazon.de[237]

Rabatte stellen mit z. B. 5 Euro eine absolute oder mit z. B. 8 Prozent eine relative Preisminderung dar, die auch zur Förderung neuer Produkte eingesetzt werden kann. Ebenso mögen Rabatte in Verbindung mit Partnern oder Lieferanten gewährt werden. Gutschriften oder Gutscheine können entweder nur bei Kauf bestimmter Produkte geleistet werden, oder sie gelten auch in Partnershops und locken Neukunden dorthin, bzw. umgekehrt. Dadurch entstehen klassische Win-win-Situationen. Auch Geschenksgutscheine bringen neue Kunden und steigern den Umsatz.[238]

Rabatte sollten von Zeit zu Zeit auch generell angeboten werden, wie z. B. „Schnäppchenwochen", Sonderverkäufe, oder Sonderpreise, denn das spricht sich schnell herum und erhöht die Besucherfrequenz.

---

[237] Quelle: http://www.amazon.de/exec/obidos/tg/feature/-/1000035753?tag2=itseguide4-21, Stand: 20.12.2006.

[238] Vgl. Siek, M. (2006): 20 frische Ideen für Sonderaktionen, in: webselling, o. Jg., Heft 3, S. 13.

Finanzielle Kaufanreize können zudem mit einem erhöhten Erlebniswert angeboten werden, die etwa als Online-Spiele das Involvement verstärken und eine weitere Interaktion zwischen Anbieter und Kunden ermöglichen.

Abb. 76: Partnerschaft zwischen Car4you.at und Zuritel.at[239]

Durch spannende Online-Spiele kann man dem Kunden einen Mehrwert anbieten und ihn hierdurch zum Wiedervorbeischauen motivieren. Solche Spiele, die mit einer Gewinnmöglichkeit kombiniert werden können, lassen sich leicht herstellen, sind eine gute Möglichkeit, um den Erlebniswert mit finanziellen Vorteilen zu kombinieren und sind daher als Kundenbindungsinstrument einsetzbar.

6.9 *Beschwerdemanagement*

Da im Online-Handel manchmal nicht alle Transaktionen einwandfrei ablaufen, ist es notwendig, richtig auf Kundenreklamationen zu reagieren, um eventuelle Fehler rechtzeitig korrigieren zu können. Die kundenorientierte Beschwerdebearbeitung soll das Zufriedenheitsniveau der Kunden optimieren, denn eine Beschwerde ist nichts anders als „die Feststellung einer enttäuschten Erwartung."[240]

Der Kunde erwartet eine schnelle und kulante Bearbeitung seiner Reklamation und gibt im Gegenzug dem Unternehmen eine Chance, die Partnerschaft zu retten. Das Beschwerdemanagement erscheint umso wichtiger, wenn man sich die Tatsache, dass ca. nur 5 Prozent der unzufriedenen Kunden reklamieren, vor Augen hält.

---

[239] Quelle: http://www.zuritel.at/versicherung/auto/benzingutschein.php, Stand: 20.12.2006.

[240] Barlow/Møller, 2003, S. 23.

Die meisten gehen stillschweigend zur Konkurrenz oder reagieren mit negativer Mundpropaganda.[241]

Daher kommt dem Beschwerdemanagement besonders im Internet eine zentrale Rolle zu, da dieses einen der Kanäle darstellt, um Rückmeldungen über fehlerhafte Geschäftsabwicklungen zu erhalten.

Wenn sich der Kunde beschwert, weil die Ware noch nicht geliefert wurde, obwohl die Lagerstandsanzeige das Produkt als „sofort lieferbar" anzeigt, dann sagt er damit eigentlich, dass er sich an die Konkurrenz wenden könnte, die die Ware auch tatsächlich sofort liefern würde.

Für das Unternehmen ist eine Beschwerde daher ein Geschenk von Kunden, die noch Vertrauen in die Organisation haben und die immer noch Kunden sind.[242]

Kundenbeschwerden sind Hinweise, wie man Produkte oder Dienstleistungen verbessern kann. Nur wenn Unternehmen imstande sind, Kundenerwartungen und -bedürfnisse wahrzunehmen, werden die Kunden bereit sein, mehr für ein Produkt zu bezahlen. So kann ein Unternehmen z. B. aus der Warenrücksendungsrate und aus den Beschwerden günstig und effizient Rückschlüsse über die Zufriedenheit und über die Kundenwünsche hinsichtlich Produkt und Service ziehen.[243]

Wenn eine berechtigte Beschwerde ernst genommen und schnell zur Zufriedenheit des Käufers gelöst wird, dann werden Kunden eher wieder einkaufen, als wenn die Beanstandung entweder gar nicht erwünscht ist oder nicht bearbeitet wird. Es ist einfacher, unzufriedene Kunden zu machen als zufriedene. Dazu kommt noch der Imageverlust, der sich, wie weiter oben beschrieben, über das Internet rasant verbreitet und schwer durch Werbemaßnahmen wettzumachen ist.

Ebenso kann ein effizientes Beschwerdemanagement eine erfolgreiche Grundlage für positive Mund-zu-Mund-Propaganda sein. Auf alle Fälle ist es wichtig, dass die Kundenerwartungen von Anfang an beobachtet werden und dass die Kundenbeschwerden auch gut ankommen.

Je nach Produkt- oder Servicemangel und dementsprechendem Kundenverhalten kann man vier verschiedene Fälle, die in der Tabelle 4 dargestellt werden, unterscheiden.

In der ersten Situation könnte das Nichtbeschweren der Kunden aus der Sicht des Unternehmens als Bestätigung dafür gewertet werden, dass alles gut läuft. Wenn Käufer aber nichts sagen, weiß das Unternehmen gar nicht, ob sie tatsächlich zufrieden sind oder nicht. Für den Online-Handel bieten sich über das Internet verschiedene

---

[241] Vgl. Kenzelmann, 2005, S. 115.

[242] Vgl. Barlow/Møller, 2003, S. 27.

[243] Vgl. Barlow/Møller, 2003, S. 40.

Möglichkeiten an, um Kundenmeinungen einzuholen, z. B. durch eine kleine Umfrage, die nach dem Einkauf mit einer Dankesmail verteilt werden kann, oder durch ein Feedback-Formular, das auf der Website integriert ist, und gleichzeitig, wie auch unter Communities beschrieben, veröffentlicht werden kann.

Weiterhin kann das Unternehmen selbst aktiv werden und nach der in den Internetforen verbreiteten Meinung über den eigenen Shop suchen.

1. **Kein Produkt- oder Servicemangel:** • Kunde sagt überhaupt nichts • Firmenaktion: Feiern	2. **Kein Produkt- oder Servicemangel:** • Kunde unzufrieden, Kunde nimmt sich kein Blatt vor den Mund • Firmenaktion: Zusätzliche Kundenbelehrung
3. **Produkt- oder Servicemangel:** • Kunde sagt überhaupt nichts • Firmenaktion: Ermutigung von Kundenbeschwerden	4. **Produkt- oder Servicemangel:** • Kunde unzufrieden und nimmt sich kein Blatt vor den Mund • Firmenaktion: Serviceerneuerung

Tab. 4: Beschwerdematrix[244]

Die zweite Situation deutet an, dass sich die Kunden beschweren, wobei das Unternehmen keine Schuld trifft. So kann z. B. der Kunde die lange Garantieabwicklung beanstanden. Dafür mag eine bessere Kundenbelehrung vonnöten sein, allenfalls eine sanfte Antwort in den Communities, um klarzustellen, dass die Garantie über den Hersteller abgewickelt wird und der Händler nur eine Vermittlerrolle spielt. Auch solche Beschwerden sollten positiv aufgenommen werden, denn es handelt sich hier immer noch um bestehende Kunden und um ihr Recht zu reklamieren.[245]

Ein größeres Problem wird in der dritten Situation dargestellt, denn äußerlich scheint für das Unternehmen alles in Ordnung zu sein. Da aber ca. 95 Prozent der unzufriedenen Kunden nicht reklamieren und viele von diesen den Anbieter wechseln könnten, ist das Unternehmen gefordert, zu Kundenbeschwerden zu ermutigen. Da das Unternehmen die aufgetretenen Mängel gar nicht kennt, kann es nicht entsprechend reagieren. Auch hier kann die Mundpropaganda positiv eingesetzt werden, denn wenn

---

[244] Quelle: In Anlehnung an: Barlow/Møller, 2003, S. 104.

[245] Vgl. Barlow/Møller, 2003, S. 105.

den Kunden bekannt ist, dass ihre Beschwerden erwünscht sind, werden sie eher von dieser Möglichkeit Gebrauch machen.

Der vierte Fall erfordert maximalen Kontakt und taktvolle Kommunikation, um von Kunden so viele Informationen wie möglich zu sammeln und um das Problem zu lösen. Wenn der Online-Anbieter das Problem lösen kann, die Verantwortung übernimmt und dabei höflich und entgegenkommend ist, dann werden Kunden dem Shop gewiss eine zweite Chance geben und wieder dort einkaufen, denn schätzungsweise kann man 74 Prozent der Kunden halten, wenn Fehler korrigiert werden.[246]

Das Unternehmen profitiert in all diesen Fällen von Kunden, die ihre Meinung offen und frei äußern, daher ist eine Beschwerde auch als ein Geschenk aufzufassen. Dieses Geschenk-Konzept kann nach *Barlow* und *Møller* in acht Schritten durchgeführt werden.

- Sich bedanken.

- Erklären, warum diese Beschwerde kostbar ist.

- Sich für den Fehler entschuldigen.

- Zusichern, dass sofort etwas unternommen wird.

- Die benötigten Informationen sammeln.

- Das Problem so schnell wie möglich lösen.

- Die Zufriedenheit des Kunden im Nachhinein überprüfen.

- Dieser Fehlerquelle zukünftig vorbeugen.[247]

Wichtig in diesem Prozess sind die persönliche Ansprache und die Aufmerksamkeit dem sich beschwerenden Kunden gegenüber.

Der Kunde soll erfahren, dass er mit einer Person kommuniziert und nicht wie oft in der Praxis mit automatisch generierten E-Mails getröstet wird.

Schnelle und vielfältige Kommunikationswege wecken das Konsumentenvertrauen und dienen als Gewähr, dass bei Problemen etwas unternommen wird. Nicht nur die schnelle und präzise Beantwortung von E-Mails, sondern auch eine gebührenfreie Telefonnummer erleichtern die Kommunikation und fördern zusätzliche Beschwerden.

Das Einrichten solcher Serviceleistungen, die auch den schnellen Zugriff auf Daten und Informationen über Kunden benötigen, ist nicht gerade kostengünstig. Abhilfe schaffen könnte die Einführung neuer internetbasierter Technologien wie z. B. die weiter oben

---

[246] Vgl. Barlow/Møller, 2003, S. 106.

[247] Vgl. Barlow/Møller, 2003, S. 118.

beschriebene VoIP, die für beide Seiten eine günstige Verbindungsmöglichkeit ohne Medienbrüche darstellt.

Das Beschwerdemanagement kann als ein zentrales Instrument der Kundenintegration gesehen werden, denn um die maximale Zufriedenheit der Kunden zu erreichen, werden Informationen benötigt, anhand derer die Angebote und die Serviceleistungen gemäß den Kundenwünschen angepasst werden können. Nicht nur Fehlerquellen werden entdeckt und können eliminiert werden, sondern auch das Sortiment kann dementsprechend verbessert werden. Wenn beispielsweise immer wieder Beschwerden über den gleichen Artikel eingebracht werden, dann mag es vorteilhaft sein, das Produkt eventuell ganz aus dem Programm zu nehmen.

Besonders im Online-Handel kommt dem Vertrauen ein herausragender Stellenwert zu. Das Beschwerdemanagement und die damit verbundene Mundpropaganda sind der Garant dafür, dass der Kunde genauso wie im stationären Handel auch im Online-Handel nichts zu befürchten hat.

7 Rechtliche Aspekte

7.1 *Informationspflichten des Anbieters*

Unternehmen nutzen immer mehr das Internet, um den eigenen Betrieb zu präsentieren und online Geschäfte abzuschließen. Im Online-Geschäft müssen Anbieter ihren Kunden umfassende Informationen zur Verfügung stellen, die direkt auf der Homepage erreichbar sind.

Nach den Vorschriften des Teledienstgesetzes, §§ 6, 7, sind folgende Informationen auf der Website bereitzuhalten:

-       Name und Anschrift des Dienstanbieters, gegebenenfalls auch Vertretungs-berechtigte,

-       Angaben für eine schnelle und elektronische Kontaktaufnahme einschließlich der E-Mail-Adresse,

-       Angaben der zuständigen Aufsichtsbehörde bei Diensten, die einer behördlichen Zulassung bedürfen,

-       Angaben des Handels-, Vereins-, Genossenschafts- oder Partnerschaftsregisters, in das sie eingetragen sind, mit der entsprechenden Registernummer,

-       Angaben der Berufskammer, der Berufsbezeichnung, den berufsrechtlichen Regelungen und deren Zugänglichkeit für Mitglieder bestimmter Berufsgruppen,

-       Angabe der Umsatzsteueridentifikationsnummer.[248]

Wichtig ist, dass diese Informationen ständig verfügbar, unmittelbar erreichbar und leicht erkennbar sind. Die genaue Darstellungsweise ist zwar nicht festgelegt, dennoch sollten diese Angaben von jeder Website über einen Link wie z. B. „Impressum", „Über uns" oder „Kontakt" bereitgestellt werden, damit der Internetnutzer alle Informationen sofort abrufen kann. Die Nichtbeachtung dieser Pflichten ist ordnungswidrig und kann laut § 12 TDG mit bis zu 50.000 Euro Bußgeld geahndet werden.[249]

---

[248] Vgl. § 6 TDG.

[249] Vgl. § 12 TDG.

7.2 Fernabsatzgesetz und Vertragsschluss

Die Verträge, die über das Internet beim Kauf von Waren und Dienstleistungen abgeschlossen werden, sind juristisch gesehen Fernabsatzverträge, weil sie unter Verwendung von Fernkommunikationsmitteln abgeschlossen werden. Unter Fern-kommunikationsmittel fallen Briefe, Kataloge, Telefonanrufe, E-Mails sowie Tele- und Mediendienste. Von dieser Definition sind Verträge über Finanz- und Immobiliengeschäfte sowie über Lebensmittel, Getränke oder sonstige Haushaltsgegenstände des täglichen Bedarfs ausgenommen. Weiterhin sind Verträge über die Erbringung von Dienstleistungen aus dem Hotel- und Reisegewerbe aus dem Fernabsatzrecht ausgeschlossen. Dieser Anwendungsbereich umfasst nur Verträge, die zwischen einem Unternehmen und einem Verbraucher im Sinne von §§ 13, 14 BGB geschlossen werden.[250]

Für alle anderen Verträge, die über das Internet abgeschlossen werden, muss der Anbieter gemäß § 312c Abs. 1 BGB den Verbraucher vor Vertragsabschluss klar und verständlich über folgende Punkte informieren:

- die Identität und Anschrift des Unternehmens,

- die wesentlichen Merkmale der Ware oder Dienstleistung, sowie darüber, wie der Vertrag zustande kommt,

- die Mindestlaufzeit des Vertrags bei wiederkehrenden Leistungen,

- die Vorbehalte über die Leistungserbringung,

- den Gesamtpreis der Ware oder Dienstleistung einschließlich aller Steuern,

- die zusätzlich anfallenden Liefer- und Versandkosten,

- die Details hinsichtlich Zahlung, Lieferung und Erfüllung,

- das Bestehen und die Einzelheiten der Ausübung eines Widerrufs- und Rückgaberechts,

- die Kosten für die Nutzung von Fernkommunikationsmitteln, die über den Grundtarif hinausgehen,

- die Gültigkeitsdauer des Angebots und besonders des Preises.[251]

Diese Informationen müssen in Zusammenhang mit dem angebotenen Produkt oder der Dienstleistung stehen und dürfen nicht als einfacher Link angeführt sein.

---

[250] Vgl. § 312b BGB.

[251] Vgl. § 1 BGB-InfoV.

Wenn Geschäfte abgeschlossen werden, muss der Anbieter dem Kunden die Möglichkeit verschaffen, die Allgemeinen Geschäftsbedingungen bei Vertragsabschluss einzusehen. Wichtig ist, dass die AGBs leicht erreichbar sowie klar und eindeutig formuliert sind, denn ansonsten werden sie nicht Bestandteil des Vertrages.[252]

Außerdem müssen sie technisch so verfügbar sein, dass der Verbraucher sie speichern und wiedergeben kann.[253]

Nach den erwähnten vorvertraglichen Pflichten des Anbieters muss der Händler den Konsumenten vor Vertragserfüllung über

-        die Bedingungen der Ausübung des Widerrufsrechts,

-        die Anschrift der Niederlassung des Lieferanten, bei dem der Verbraucher seine Beanstandungen vorbringen kann,

-        den Kundendienst und die geltenden Garantiebedingungen,

-        die Kündigungsbedingungen bei mehrjähriger Vertragsdauer

informieren.[254]

Im elektronischen Geschäftsverkehr müssen Unternehmen darüber hinaus eine Reihe von Bedingungen erfüllen, damit ein Vertrag auch faktisch gültig ist:

-        Sie müssen angemessene, wirksame und zugängliche technische Mittel zur Verfügung stellen, um Eingabefehler vor Abgabe der Bestellung berichtigen zu können.

-        Sie müssen Informationen über die einzelnen technischen Schritte, die zu einem Vertragsabschluss führen, zur Verfügung stellen.

-        Sie müssen den Kunden informieren, ob der Vertragstext nach dem Vertragsabschluss vom Unternehmen gespeichert wird, und ob dieser ihm zugänglich ist.

-        Sie müssen dem Verbraucher auch mitteilen, welche Sprachen für den Vertragsabschluss zur Verfügung stehen.

-        Sie müssen den Eingang einer Bestellung unverzüglich auf elektronischem Weg bestätigen.

---

[252] Vgl. § 305 BGB.

[253] Vgl. § 312e Abs. 1 Nr. 4 BGB.

[254] Vgl. § 1 Abs. 1 Nr. 10, Abs. 4 Nr. 3 BGB-InfoV.

- Sie müssen die besonderen Verhaltenskodizes, die für ihre Branche gelten, aufführen und zugänglich machen.[255]

Besonders wichtig ist dabei die Möglichkeit einer Berichtigung bei der Bestellaufgabe. Der Online-Anbieter muss seinen Shop so einrichten, dass der Kunde die Gelegenheit bekommt, seine Bestellung vor Abgabe zu überprüfen und eventuell zu korrigieren.

Die Verhaltenskodizes sind Richtlinien von verschiedenen Verbraucherverbänden, die einzuhalten das Unternehmen sich verpflichtet hat. Durch die Veröffentlichung soll deren Einhaltung gewährleistet werden.

Diese Schutzvorschriften sind zwingend und dürfen z. B. durch AGBs nicht abgeschwächt, sondern es darf nur zum Vorteil des Kunden davon abgewichen werden.

Auch in der Online-Welt kommt der Vertrag durch das Angebot und dessen Annahme zustande und ist daher genau so verbindlich wie schriftliche oder mündliche Vereinbarungen. Somit sind Willenserklärungen, die über E-Mail oder Webformular abgegeben werden, wirksam, wenn sie beim Online-Anbieter über diesen Weg eingehen. Der Internetanbieter muss aber unverzüglich den Bestelleingang bestätigen.

Für Verbraucher im Internet gilt genauso wie im stationären Handel das Bestimmungslandprinzip. Das heißt, dass das Recht jenes Landes gilt, in dem der Endverbraucher wohnt.[256]

7.3 Widerrufs- und Rückgaberecht

Eine der wichtigsten Säulen des Fernabsatzrechts ist das Widerrufsrecht, da der Verbraucher keine Möglichkeit hat, sich persönlich ein Bild von der Ware vor Vertragsabschluss zu machen.[257]

Der Kunde hat bei Fernabsatzverträgen bzw. bei Online-Bestellungen das Recht, innerhalb von zwei Wochen ohne Angabe von Gründen den Vertrag schriftlich oder durch die Rücksendung der Ware zu widerrufen. Für Waren, die nach Kundenspezifikationen angefertigt oder eindeutig auf persönliche Bedürfnisse zugeschnitten wurden oder die aufgrund ihrer Beschaffenheit wie z. B. Lebensmittel für die Rücksendung nicht geeignet sind, gilt das Widerrufsrecht nicht.[258]

---

[255] Vgl. § 3 BGB-InfoV.

[256] Vgl. BMWi (2000): E-Commerce und Recht, Geschäfte mit ausländischen Partnern, 17.07.2000, URL: http://www.bmwi.de/BMWi/Navigation/Mittelstand/E-Business/e-commerce-und-recht.html, Stand: 24.12.2006.

[257] Vgl. Kramer/Herrmann, 2005, S. 55.

[258] Vgl. § 312d BGB in Verbindung mit § 355 BGB.

Gemäß § 312d Abs. 4 BGB werden außerdem unversiegelte Audio- und Videoaufzeichnungen oder Software vom Widerrufsrecht ausgenommen.

Das Widerrufsrecht kann durch ein Rückgaberecht ersetzt werden. Das Rückgaberecht kann nur durch Rücksendung der Ware oder durch Rücknahmeverlangen, wenn die Ware nicht als Paket versandt werden kann, ausgeübt werden.[259]

Wichtig ist dabei, dass die Widerrufsfrist bei der Lieferung von Waren nicht vor dem Eingang der Lieferung bzw. der ersten Teillieferung beim Endverbraucher beginnt. Wenn jedoch der Online-Händler seine Informationspflicht unterlässt, dann verlängert sich das Widerrufsrecht des Kunden auf sechs Monate.[260]

Wenn der Kunde von seinem Widerrufs- oder Rückgaberecht Gebrauch macht, dann ist er verpflichtet, die gelieferte Ware zurückzusenden. Der Verkäufer trägt dabei das Risiko der Rücksendung. Wenn der Warenwert einen Betrag von 40 Euro übersteigt, dann übernimmt der Verkäufer die Kosten der Rücksendung oder Abholung, aber nicht bei der Ausübung des Rückgaberechts.[261]

Ferner muss der Verbraucher einen Wertersatz für die Wertminderung der Ware, die durch Ingebrauchnahme durch den Käufer entstanden ist, leisten. Das gilt aber nicht, wenn der Verbraucher die Ware nur geprüft hat. Der Online-Händler muss den Käufer spätestens bis Vertragsschluss in Textform darauf hinweisen und über eine Möglichkeit zur Vermeidung solcher Verschlechterung informieren.[262]

Bei daraus resultierenden Streitfällen ist der Anbieter verpflichtet, nachzuweisen, dass der Kunde über das Widerrufs- und Rückgaberecht belehrt wurde. Das kann per E-Mail mit der Bestellbestätigung erfolgen, die allerdings vom Kunden als „eingegangen" bestätigt werden soll, oder es kann auf der Website integriert und vom Kunden während des Bestellvorgangs per Klick bestätigt werden. In allen Fällen sollte diese Belehrung protokolliert werden.

7.4 Aspekte des Datenschutzes

Die Erhebung, Verarbeitung und Nutzung von Kundendaten im Bereich des Online-Handels ist für Unternehmen zwar möglich, sie müssen aber diese Daten schützen. Anbieter dürfen Daten von Personen nur dann verarbeiten, wenn das Teledienstedatenschutzgesetz oder der Mediendienstestaatsvertrag das erlauben.

---

[259] Vgl. § 356 BGB.

[260] Vgl. § 355 Abs. 3 BGB.

[261] Vgl. § 357 Abs. 2 BGB.

[262] Vgl. § 357 Abs. 3 BGB.

Um Daten besser zu schützen, wird unterschieden zwischen:

- Stammdaten wie Name, Adresse, Bankverbindung sowie auch Benutzername und Passwort,

- Nutzungsdaten wie Merkmale zur Identifikation der Nutzung von Dienstleistungen und

- Inhaltsdaten, die per E-Mail verschickte Nachrichten darstellen.[263]

Der Anbieter hat somit die Möglichkeit, Stammdaten zu speichern, um eine Bestellung abwickeln zu können, oder Nutzungsdaten zu verwalten, um den Zugang zu Online-Diensten zu ermöglichen bzw. diese abzurechnen. Dafür gibt es keinen Katalog von Daten, aber der Anbieter muss im Einzelfall prüfen, welche Daten er wirklich benötigt und grundsätzlich so wenige Daten wie möglich erheben.[264]

Der Anbieter muss die Daten über die Nutzung verschiedener Dienste getrennt verarbeiten, jedoch dürfen diese Daten zum Zwecke der Abrechnung zusammengeführt werden.[265]

Wenn der Dienstanbieter die Daten nicht mehr benötigt, dann muss er sie löschen. Auf der anderen Seite dürfen dem Anbieter bei einem Bestreiten der Inanspruchnahme eines Dienstes seitens des Nutzers keine Nachteile entstehen, daher dürfen diese Daten, solange sie tatsächlich benötigt werden, gespeichert bleiben, um die Nutzung von Diensten beweisen zu können.[266]

Der Anbieter ist verpflichtet, den Nutzer über den Umfang der erhobenen Daten sowie über deren Verwendung zu informieren und zwar vor der ersten Inanspruchnahme des angebotenen Dienstes.[267]

Aber auch der Nutzer hat das Recht, Auskunft über seine gespeicherten Daten zu verlangen. Dieses Recht kann vertraglich nicht eingeschränkt oder ausgeschlossen werden.[268]

---

[263] Vgl. Bischoff, J. (2002): Recht und Sicherheit im Internet: kurz gefasst, abrufbar im Internet, URL: http:// www.ecc-handel.de/recht_und_sicherheit_im_internet.php, Stand: 25.12.2006, S. 15.

[264] Vgl. BMWi (2006): BMWi – Publikationen – e-f@cts Nr. 09/2006: Rechtsfragen beim E-Business, abrufbar im Internet, URL: http://www.bmwi.de/BMWi/Navigation/Service/publikationen,did=2152, Stand: 25.12.2006, S. 5.

[265] Vgl. § 4 Abs. 4 Nr. 4 TDDSG in Verbindung mit § 6 Abs. 2 TDDSG.

[266] Vgl. § 6 Abs. 8 TDDSG.

[267] Vgl. § 4 Abs. 1 TDDSG.

[268] Vgl. § 4 Abs. 7 TDDSG.

Benötigt der Anbieter Kunden- oder Nutzungsdaten, um eine Kundenkartei aufzubauen, dann benötigt er die ausdrückliche Einwilligung des Nutzers, die er einzuholen und zu protokollieren hat. Der Inhalt dieser Einwilligung muss vom Nutzer jederzeit abgerufen werden können.[269]

Die Zustimmung gilt auch für den Fall, dass Daten des Nutzers an andere Dienstanbieter weitergegeben werden oder außerhalb des Geltungsbereichs des europäischen Datenschutzrechts verarbeitet werden sollen.

Im elektronischen Geschäftsverkehr besteht die Möglichkeit, diese Einwilligung online zu holen, aber dabei ist sicherzustellen, dass sie auf eine eindeutige und bewusste Handlung des Nutzers zurückzuführen ist und nicht z. B. durch einen versehentlichen Mausklick erfolgt.[270]

Die Art und Weise, wie der Anbieter dies gewährleistet, ist ihm überlassen, und es besteht hierfür kein Zwang zur Anwendung eines bestimmten Verfahrens. Zu beachten ist aber, dass für die Nutzung von Diensten nicht die Einwilligung als Voraussetzung gemacht werden darf. Ebenso ist eine pauschale Einwilligung, die in AGBs integriert ist, unzulässig.[271]

Viele Anbieter verwenden für die Datenerhebung auch sogenannte Cookies, die kleine Textdateien sind, die vom Anbieter auf dem Computer des Internetnutzers hinterlegt und immer wieder abgerufen werden können, wenn der Kunde die Website des Online-Anbieters öffnet.

Diese Cookies können verschiedene Daten über den Kunden speichern, wie z. B. Name, Anschrift oder die besuchten Seiten, und ermöglichen einerseits eine effizientere Abwicklung des Geschäftsverkehrs oder der Internetwerbung, andererseits sind sie für die Kunden nicht transparent und daher strittig. Da sich mit Hilfe von solchen Daten Nutzerprofile erstellen lassen, die dann für Marketingzwecke benutzt werden können, wäre eine Einwilligung im Sinne der Erhebung von personenbezogenen Daten notwendig, die aber wegen der verborgenen Natur der Cookies meistens nicht erteilt wird. Daher muss ein Anbieter seine Kunden in Kenntnis setzen, wenn er Cookies anlegen und verwenden möchte. Darüber hinaus sollte er auch über Zweck und Inhalt der Cookies informieren.[272]

Wie bereits erwähnt, dürfen Unternehmen personenbezogene Daten von Kunden nur dann erfragen, wenn sie diese auch wirklich benötigen. Verschiedene Dienste können

[269] Vgl. § 3 Abs. 2 TDDSG in Verbindung mit § 18 Abs. 2 MDStV.

[270] Vgl. § 18 Abs. 2 Nr. 1 MDStV.

[271] Vgl. § 6 Abs. 1 TDDSG.

[272] Vgl. BMWi, 2006, S. 7.

daher auch anonym angeboten werden. So kann z. B. ein E-Mail-Newsletter auch durch Angabe eines Pseudonyms als E-Mail-Adresse angemeldet werden.[273]

Online-Anbieter können für Zwecke der Marktforschung, Werbung oder zur Anpassung ihrer Dienste Nutzerprofile erstellen, jedoch dürfen die Profildaten nur mit dem Pseudonym verknüpft sein. Rückschlüsse auf den tatsächlichen Träger des Pseudonyms dürfen nicht gezogen werden.[274]

Ein Anbieter im Internet muss auch für die Datensicherheit sorgen und durch technische Vorkehrungen den Schutz von Kundendaten gewährleisten. Zu diesen technischen Vorkehrungen gehört auch die Möglichkeit, dass der Nutzer eine Seite jederzeit verlassen, bzw. seine Verbindung zum Dienstanbieter jederzeit abbrechen kann.[275]

Die Datenerhebung und -verwendung ohne Zustimmung des Betroffenen ist mit den bestehenden Gesetzen nicht vereinbar. Die vielen Gesetze und einzelnen Vorschriften machen die Datenschutzvorschriften zwar unübersichtlich, aber deren Anwendung ist für den Online-Anbieter sehr wichtig, denn bei Verstößen gegen die Vorschriften drohen ihm empfindliche Geldbußen. Nach dem § 24 Abs. 2 MDStV können Ordnungswidrigkeiten mit bis zu 250.000 und nach dem § 9 Abs. 2 TDDSG mit bis zu 50.000 Euro geahndet werden.

7.4.1   Besonderheiten der E-Mail-Werbung

Die E-Mail-Werbung, die einen Rundbrief darstellt und auch als Newsletter bekannt ist, ist in der Art und im Inhalt nicht klar definiert. Wegen der großen Verbreitung, Bedeutung und auch des Missbrauchs des Newsletters werden hier konkret einige Aspekte aufgeführt.

Das Gesetz gegen den unlauteren Wettbewerb bzw. UWG entscheidet, ob ein Newsletter zulässig oder unzulässig ist. Im § 7 Abs. 3 UWG wird von einer unzumutbaren Belästigung, wenn die Werbung für den Empfänger nicht erwünscht ist, gesprochen.

Damit ist die Einwilligung sowohl für den Privatbereich als auch für E-Mails an Geschäftskunden gesetzlich geregelt. Die Möglichkeit der E-Mail als Instrument für die erste Kontaktaufnahme ist somit ausgeschlossen.

Weiters ist laut § 7 Abs. 4 UWG die Identität des Absenders, in dessen Auftrag die E-Mail versendet wird, genau anzugeben, sowie eine Adresse, an die der Empfänger die

---

[273] Vgl. § 4 Abs. 6 TDDSG.

[274] Vgl. § 6 Abs. 3 TDDSG.

[275] Vgl. § 4 Abs. 4 Nr. 1 TDDSG.

Abbestellung senden kann. Ohne diese Angaben ist die E-Mail-Werbung trotz Einwilligung unzulässig.

Für dieses Einwilligungserfordernis existieren auch ein paar Ausnahmen, die das Verbot der E-Mail-Werbung lockern, aber nur wenn drei Voraussetzungen erfüllt werden:

- das Unternehmen hat im Zuge der Geschäftsbeziehung die E-Mail-Adresse vom Kunden erhalten,

- der Kunde wurde bei Erhebung der Adresse ganz deutlich auf die Widerspruchsmöglichkeit hingewiesen,

- der Kunde hat der Verwendung der E-Mail-Adresse nicht widersprochen.[276]

Bei Vorliegen dieser Voraussetzungen kann ohne Einwilligung E-Mail-Newsletter versendet werden, wenn

- die Werbung für eigene ähnliche Waren oder Dienstleistungen erfolgt und

- der Kunde bei jeder E-Mail-Sendung erneut klar und deutlich auf die Widerrufsmöglichkeit dieser Verwendung hingewiesen wird.

Somit ist eine E-Mail-Werbung ohne eine Geschäftsbeziehung oder ausdrückliche Einwilligung rechtswidrig.

Grundsätzlich gilt die obige Betrachtungsweise des Datenschutzes auch für den E-Mail-Newsletter. So bedeutet die Datensparsamkeit, dass auch eine Möglichkeit der Anonymisierung unter Erhebung nur der E-Mail-Adresse zu akzeptieren ist.[277]

Das Speichern und Verarbeiten einer E-Mail-Adresse bedeutet auch, den Kunden über deren Nutzung zu informieren und immer eine Abbestellmöglichkeit zur Verfügung zu stellen.

Die Möglichkeit einer elektronischen Einwilligung, die sowohl in TDDSG als auch in MDStV steht, gilt ebenso für den E-Mail-Newsletter. Der Werbende trägt jedoch die Beweislast für dessen Zulässigkeit. Daher sind Maßnahmen, die eine fehlerhafte Eintragung der E-Mail-Adresse insbesondere durch Dritte vermeiden, notwendig. Der Werbende hat dadurch sicherzustellen, dass die Identität der angegebenen E-Mail-Adresse mit der des Newsletter-Abonnenten übereinstimmt.

Das Verfahren dafür ist gesetzlich nicht vorgeschrieben, allerdings schreibt das TDDSG eine Protokollierung vor. Daher ist es empfehlenswert das Double-Opt-in-Verfahren anzuwenden, denn dadurch erhält der Kunde sofort eine Bestätigungs-E-Mail, mit der

---

[276] Vgl. § 7 Abs. 3 UWG.

[277] Vgl. § 3a BDSG.

er die Richtigkeit der eingetragenen Kontaktadresse bescheinigt. Das einfachere Opt-in-Verfahren, das nur eine Eintragung in eine Abonnentenliste vorsieht, ist nicht ratsam, da das Unternehmen keinen Beweis in der Hand hat.

Auch in anderen Mitgliedsstaaten der Europäischen Union gilt die EU-Datenschutzrichtlinie, die eine Einwilligung bei E-Mail-Werbung vorsieht. Das Opt-out-Prinzip, das die Werbemails so lange zulässt, bis der Empfänger erklärt, dass er keine E-Mail-Werbung mehr erhalten will, ist in der gesamten Europäischen Union nicht mehr gesetzeskonform.[278]

---

[278] Vgl. Europäisches Parlament/Europäischer Rat (2002): Artikel 13, Richtlinie 2002/58/EG des Europäischen Parlaments und des Rates vom 12. Juli 2002 über die Verarbeitung personenbezogener Daten und den Schutz der Privatsphäre in der elektronischen Kommunikation (ABl. EG L 201 vom 31.07.2002, S. 37), URL: http:// www.datenschutz-berlin.de/recht/eu/rv/tk_med/tkdsr_de.htm, Stand: 25.12.2006.

8 Fazit

Zusammenfassend kann festgestellt werden, dass das Internet Einzug in fast alle Lebensbereiche gehalten hat, denn durch die Verbreitung der schnelleren Internetzugänge zu niedrigen Preisen in privaten Haushalten sind nicht nur Dienste wie E-Mail oder Online-Banking, sondern auch die Informations- und Warenbeschaffung zum Standard geworden.

Mehr denn je nutzen auch Unternehmen das Netz, um Kunden zu informieren und um Waren umzusetzen. Dabei geht der Online-Handel mittlerweile über den reinen Verkauf von Waren und Dienstleistungen über das Internet hinaus und erfordert daher zunehmend eine weitreichende Integration der Kunden, der Geschäftsprozesse und neuer Technologien.

Angesichts des großen Potenzials des E-Commerce und angesichts des intensiven Wettbewerbs im Einzelhandel ist die Kundenbindung von zentraler Bedeutung geworden.

Die gerade im Online-Handel sehr hohe Preistransparenz sowie die überwiegend gesättigten Märkte machen die Kundenorientierung für einen Onlineshop überlebenswichtig. Es ist wesentlich wertvoller, einen bestehenden Kunden zu behalten als einen neuen zu gewinnen. Die hohen Ausgaben der Kundengewinnung rechnen sich nur dann, wenn die neu gewonnenen Kunden zu Stammkunden werden und in der Folge wiederholt einkaufen.

Die Auswirkungen der Kundenbindung können umsatzsteigernder, kostensenkender und wechselseitiger Natur sein, die sich hauptsächlich in der Absatzsteigerung, der Kostensenkung, der Weiterempfehlung und der Preissensibilität manifestieren.

Diese Aspekte wurden im September 2006 durch eine Online-Datenerhebung, die insgesamt 510 Endverbraucher befragte, eruiert. Die Ergebnisse machen deutlich, dass die Zufriedenheit zu einer erhöhten Kaufintensität führt, denn mit 90 Prozent ist die Zahl der Kunden, die wiederholt beim gleichen Anbieter eingekauft haben, sehr hoch. Ein Drittel der Befragten hat mehr als sechsmal, und die Hälfte von diesen öfter als zehnmal im selben Shop eingekauft. Demnach sind sie Stammkunden.

Wichtige Aspekte wie der Preis sind im Online-Handel nicht einzig und allein ausschlaggebend, denn während nur 12 Prozent der Probanden angeben, den günstigsten Shop aufzusuchen, wären 70 Prozent bereit, einen geringfügig bis merklich höheren Preis im Onlineshop ihres Vertrauens zu bezahlen. Auch die Weiterempfehlung hat deutlich an Macht gewonnen und übersteigt sogar die Bedeutung professioneller Kontrollen wie z. B. Gütesiegel.

Der Erfolg eines Onlineshops bewegt sich im Großen und Ganzen in vier Phasen, die von der Besucherakquisition über die Neukundengewinnung bis zur Kundenbindung und Kundenrückgewinnung reichen. Sehr wichtig ist die Internetpräsenz, um gefunden zu werden, sowie das Vertrauen, um neue Kunden zu gewinnen, und außerdem die Optimierung der Geschäftsprozesse aus Kundensicht, um die Zufriedenheit der Käufer zu erhöhen und um aus ihnen erst Kunden, dann „Wiederholungstäter" und dann Stammkunden zu machen.

Auch bei der Auswahl aus der Menge der unzähligen Onlineshops setzen sich vertrauensbildende Maßnahmen immer stärker durch. Aspekte wie die Korrektheit der Angaben, die Lieferzeit, die Warenverfügbarkeit oder die verschiedenen Zahlungsoptionen sind neben dem Preis die wichtigsten Kriterien geworden.

Bei der Fülle an Kundenbindungsinstrumenten, die das Internet anbietet, wurden einige näher analysiert. Dabei stellt der Newsletter mit einem Empfängeranteil von 66 Prozent ein bedeutendes Mittel dar. Die vielen unerwünschten Werbemails und die mit 46 Prozent angegebene, ohnehin sehr hohe E-Mail-Belastung haben den Newsletter in Misskredit gebracht, weshalb sein Einsatz aus Kundensicht und dem Gesetz entsprechend erfolgen soll. Besonders geschätzte Inhalte sind Sonderangebote und Informationen zu neuen Produkten.

Ein großes Potenzial steckt in den sozialen Netzwerken bzw. Communities, die sich als eine neue Marktmacht entwickeln und die durch Mundpropaganda einem Online-Anbieter zum Marktführer verhelfen, ihm aber auch sehr schaden können.

Neue Kommunikations- und Vertriebswege wie RSS-Feed, VoIP oder Online-Konfiguratoren werden nach und nach zum Alltag, daher sollte ein Unternehmen mit der Zeit gehen, um sich Vorsprünge zu verschaffen, bzw. um solche nicht zu verlieren.

Die räumliche Distanz zwischen Anbietern und Nachfragern erfordert eine gezielte Strategie im Umgang mit Beschwerden. Somit kommt dem Beschwerdemanagement der besondere Auftrag zu, Mängel und Fehler aufzudecken und unzufriedene Kunden zurückzugewinnen. Eine Beschwerde sollte daher nicht als Belastung, sondern als Geschenk betrachtet werden.

Keinesfalls dürfen im Online-Handel die rechtlichen Aspekte vernachlässigt werden. Kunden und Anbieter haben jeweils Rechte und Pflichten, deren Nichteinhaltung einerseits gesetzlich geahndet wird und sich andererseits herumspricht, wodurch der Shop schnell in Verruf gebracht werden kann.

Die Ergebnisse der Internetbefragung, zeigen, dass Kundenbindung im Online-Handel möglich und bereits real ist, und dass „der Billigste" nicht unbedingt der Erfolgreichste ist. Die unüberschaubare Anzahl der Onlineshops und Unsicherheiten bei der Vorausüberweisung rücken die Zufriedenheit und das Vertrauen an die oberste Stelle. Um diese zu steigern, bietet das Internet die verschiedensten Instrumente, die in dieser Arbeit analysiert und durch die Internetbefragung untermauert wurden.

Die Auswertungen hinsichtlich der Kaufintensität, der Preissensibilität und der Suchgewohnheiten zeigen, dass sich der Trend in Richtung favorisierte Onlineshops und Portale bewegt, die von Kunden interessenbezogen und spartenorientiert vorgemerkt und regelmäßig oder bei Bedarf besucht werden.

Da sich die Kundenwünsche zunehmend individualisieren, müssen auch die Online-Maßnahmen gruppenspezifisch aufgebaut werden. Die Individualisierung des Angebots und der Ansprache sowie die aktivere Rolle der Kunden stellen gerade im Internet die Grundlage der Kundenbindung und eine Win-win-Situation dar. Das IKEA-Modell beweist, dass sogar komplexe und beratungsintensive Produkte über das Internet absetzbar sind, was auf weitere Potenziale schließen lässt.

Die aufgezeigten Entwicklungen beweisen, dass der Online-Handel eine wichtige Erweiterung bestehender Strukturen darstellt, lassen jedoch den Schluss zu, dass es nicht zur Verdrängung des stationären Handels kommen wird, da der Erlebniskauf des Kunden digital nicht eins zu eins umgesetzt werden kann. Reine Online-Händler haben sich – bis auf ein paar Ausnahmen – bisher nicht durchgesetzt. Es sind eher die kleineren und mittleren Unternehmen, die das Internet als zusätzlichen Vertriebskanal nutzen.

Die Onlineshops werden voraussichtlich auch in Zukunft eine immer größere Rolle spielen. Da der Kreativität und Innovation keine Grenzen gesetzt sind, entstehen durch die Nutzung multifunktionaler Portale neue Möglichkeiten, sich entscheidende Vorsprünge, die von Mitbewerbern schwer aufzuholen sind, zu verschaffen und als Erster Kunden zu gewinnen.

Ein Onlineshop hat längerfristig nur dann Überlebenschancen, wenn er durchdachte Marketing- und Kundenbindungsstrategien entwickelt, wenn seine Produkte die Kunden ansprechen, wenn die Shopbedienung aus der Sicht des Kunden optimal ist und wenn ein Mehrwert angeboten werden kann.

Die Wünsche und Erwartungen der Kunden bestimmen auch den Erfolg oder Misserfolg eines neuen Produktes sowie dessen Weiterentwicklung.

Der Kunde ist mächtig geworden. Er ist es, der den Onlineshop, den er auswählt, am Leben erhält. Daher sollte jeder Anbieter die unleugbare Tatsache im Sinn behalten: Nicht die Waren sind das Fundament des Online-Handels, sondern die Abnehmer.

„Die Wirtschaft leidet heute nicht unter einem Mangel an Waren, sondern an Kunden. Weltweit sind die meisten Industrien heute in der Lage, mehr Güter zu produzieren, als die Verbraucher jemals kaufen können."[279]

---

[279] Kotler, 2004, S. 10.

9 Literatur

Ausschuss für Definitionen zu Handel und Distribution (Hrsg.) (2006): Katalog E: Definitionen zu Handel und Distribution, Elektronische Fassung, 5. Auflage – Köln: Institut für Handelsforschung an der Universität zu Köln, 2006.

Barlow, Janelle; Møller, Claus (2003): Eine Beschwerde ist ein Geschenk: Der Kunde als Consultant. – Frankfurt; Wien: Redline Wirtschaft bei Verlag Moderne Industrie, 2003.

Bartel, Rainer (2006): Payment als Erfolgsfaktor: damit der Rubel rollt, in: webselling: PCPr@xis-Sonderheft, o. Jg., 2006, Heft 3, S. 80 – 84.

BDSG (1990): Bundesdatenschutzgesetz, 1990, zuletzt geändert durch Gesetz vom 22.8.2006 (BGBl. I 1970), abrufbar im Internet, URL: http://bundesrecht.juris.de/bdsg_1990, Stand: 25.12.2006.

BGB (2004): Bürgerliches Gesetzbuch, 55. überarbeitete Auflage. – München: Deutscher Taschenbuch Verlag, 2004.

BGB-InfoV (2002): Verordnung über Informations- und Nachweispflichten nach bürgerlichem Recht, 2002, zuletzt geändert durch Gesetz vom 2.12.2004 (BGBl. I 3102), abrufbar im Internet, URL: http://bundesrecht.juris.de/bgb-infov, Stand: 24.12.2006.

Bischoff, Jörg (2002): Recht und Sicherheit im Internet: kurz gefasst, 2002, abrufbar im Internet, URL: http://www.ecc-handel.de/recht_und_sicherheit_im_internet.php, Stand: 25.12.2006.

BITKOM (Hrsg.) (2006a): Daten zur Informationsgesellschaft: Status quo und Perspektiven Deutschlands im internationalen Vergleich. – Berlin, 2006, abrufbar im Internet, URL: http://www.bitkom.org/de/publikationen/38338.aspx, Stand: 20.10.2006.

BITKOM (2006b): Internet-Telefonie: Privatnutzer haben die Nase vorn,16.10.2006, URL: http://www.bitkom.de/de/presse/8477_42026.aspx, Stand: 09.12.2006.

BITKOM (2006c): MP3-Player und Digitalkameras sind Top-Geschenke 2006, 14.12.2006, URL: http://www.bitkom.org/de/presse/8477_43142.aspx, Stand: 25.12.2006.

BMWi (2000): E-Commerce und Recht: Geschäfte mit ausländischen Partnern, 17.07.2000, URL: http://www.bmwi.de/BMWi/Navigation/Mittelstand/E-Business/e-commerce- und-recht.html, Stand: 24.12.2006.

BMWi (2006): BMWi – Publikationen – e-f@cts Nr. 09/2006: Rechtsfragen beim E-Business, abrufbar im Internet, URL: http://www.bmwi.de/BMWi/Navigation/Service /publikationen,did=2152.html, Stand: 25.12.2006.

Bruhn, Manfred (1999): Kundenorientierung: Bausteine eines exzellenten Unternehmens. – München: Deutscher Taschenbuch Verlag, 1999.

Bruhn, Manfred; Homburg, Christian (2005): Kundenbindungsmanagement – Eine Einführung in die theoretischen und praktischen Problemstellungen, in: Bruhn, M.; Homburg, Ch. (Hrsg.): Handbuch Kundenbindungsmanagement: Strategien und Instrumente für ein erfolgreiches CRM, 5. überarbeitete und erweiterte Auflage – Wiesbaden: Gabler, 2005, S. 3 – 41.

Buchanan, Mark (2002): Small Worlds: das Universum ist zu klein für Zufälle: spannende Einblicke in die Komplexitäts-Theorie. – Frankfurt; New York: Campus, 2002.

Dach, Christian (2001): Konsumenten gewinnen und binden im Internet, in: Global Company (Hrsg.): E-Business & M-Business: Einsichten, Ansichten und Ideen rund um das elektronische Business. – Pulheim; Köln: World Medien, 2001, S. 49 – 67.

Dach, Christian (2002): Wirklich überlegen?: Vorteile einer Multi-Channel-Strategie: eine nüchterne Betrachtung, in: handelsjournal, o. Jg., 2002, Heft 1, S. 24 – 25.

Dastani, Parsis (2000): Märkte im Wandel – Konsequenzen für Marketing & Vertrieb, 2000, URL: http://database-marketing.de/dbmwandel.htm, Stand: 04.11.2006.

DDV Deutscher Direktmarketing Verband e. V. (Hrsg.) (2005a): eMail-Marketing: Dialog pur, 3. überarbeitete Auflage. – Wiesbaden: 2005, abrufbar im Internet, URL: http://www.ddv.de/shop/download/index.php, Stand: 04.01.2007.

DDV Deutscher Direktmarketing Verband e. V. (Hrsg.) (2005b): Suchmaschinenmarketing: Start in den Dialog, 2. Auflage. – Wiesbaden: 2005, abrufbar im Internet, URL: http://www.ddv.de/shop/download/index.php, Stand: 04.01.2007.

Eberhardt, Igor (2003): Elektronische Marktplätzte, E-Shops und E-Malls, Seminararbeit, Universität Karlsruhe, 2003, abrufbar im Internet, URL: http://www.ipd.uni-karlsruhe.de/~oosem/ISEC03/ausarbeitung, Stand: 04.01.2007.

ECC-Handel: Instrumente zur Kundenbindung, URL: http://www.ecc-handel.de/instrumente_zur_kundenbindung.php, Stand: 31.10.2006.

ECIN (2004): Multichannel muss sein, 03.09.2004, URL: http://www.ecin.de/news/2004/09/03/07470/index.html, Stand: 12.11.2006.

ECIN (2005): RSS – Permission Marketing at its best?, 15.09.2005, URL: http://www.ecin.de/marketing/rss, Stand: 09.12.2006.

Eisenblätter, Marion (2006): Consumer Electronics im Umbruch, 16.11.2006, URL: http://www.gfk.com/group/press_information/press_releases/001058/index.de.html, Stand: 19.11.2006.

Europay Austria: MasterCard SecureCode, URL: http://www.mastercard.at/epa/opencms/de/Home/MC_SecureCode/index.html, Stand: 01.12.2006.

Europäische Kommission (1997): KOM(97)157: Europäische Initiative für den elektronischen Geschäftsverkehr: Mitteilung an das Europäische Parlament, den Rat, den Wirtschafts- und Sozialausschuß und den Ausschuß der Regionen, 1997, abrufbar im Internet, URL: ftp://ftp.cordis.europa.eu/pub/esprit/docs/ecomcomd.pdf, Stand: 20.10.2006.

Europäisches Parlament/Europäischer Rat (2002): Richtlinie 2002/58/EG des Europäischen Parlaments und des Rates vom 12. Juli 2002 über die Verarbeitung personenbezogener Daten und den Schutz der Privatsphäre in der elektronischen Kommunikation (ABl. EG L 201 vom 31.07.2002, S. 37), URL: http://www.datenschutz-berlin.de/recht/eu/rv/tk_med/tkdsr_de.htm, Stand: 25.12.2006.

FinanzXL: Marktstrukturen, Marktverhalten, Marktergebnisse, URL: http://www.finanzxl.de//lexikon/Marktstrukturen_Marktverhalten_Marktergebnisse.html, Stand: 20.10.2006.

Finke, Nicolas; van Baal, Sebastian (2006): Im Dschungel der Shopsystem-Lösungen, 10/2006, URL: http://www.ecc-handel.de/im_dschungel_der_shopsystem- loesungen.php, Stand: 11.11.2006.

Fritsch, Michael; Wein, Thomas; Ewers, Hans-Jürgen (1993): Marktversagen und Wirtschaftspolitik. – München: Vahlen, 1993.

Fritz, Wolfgang (2004): Internet-Marketing und Electronic Commerce: Grundlagen – Rahmenbedingungen – Instrumente, 3. vollständig überarbeitete und erweiterte Auflage – Wiesbaden: Gabler, 2004.

Geizhals.at: Basisinformationen, URL: http://unternehmen.geizhals.at/presse/basisinfo.html, Stand: 11.11.2006.

Gerner, Barbara; van Baal, Sebastian (2006): Bonusprogramme – ein Instrument zur Kundenbindung im E-Commerce, 04/2006, URL: http://www.ecc-handel.de /bonusprogramme_eo_ein_instrument_zur_46092.php, Stand: 20.12.2006.

Golem.de (2006): Google, Microsoft und Yahoo arbeiten zusammen: einheitliches Sitemap-Format unter sitemaps.org veröffentlicht, 16.11.2006, URL: http://www.golem.de/0611 /48977.html, Stand: 22.11.2006.

Guenstiger.de (2006): Pressespiegel: Preisbrecher, 07.07.2006, URL:http://www.guenstiger.de /gt/main.asp?pressespiegel=2006, Stand: 24.11.2006.

Hammerschmidt, Maik (2006): Elektronische Kundenbindung mit dem 6C-Modell: Die Bedeutung der „Online-Kundenbindung", in: Schwarz Torsten (Hrsg.): Online-Marke-ting: Beratungsbrief von Torsten Schwarz, Elektronische Ausgabe 06/2006, S. 1 – 4.

Hartl, Robert (2006): Suchmaschinen-Optimierung von OS-Commerce, 23.02.2006, URL: http://blog.suchmaschinen-optimierungen.info/suchmaschinen-optimierung-os-commerce, Stand: 22.11.2006.

Helmke, Stefan; Uebel, Matthias (2003): Online-Vertrieb: erfolgreiche Konzepte für die Praxis. – München; Wien: Hanser, 2003.

Hermanns, Arnold; Sauter, Michael (1999): Electronic Commerce – Grundlagen, Potentiale, Marktteilnehmer und Transaktionen, in: Hermanns, A; Sauter, M. (Hrsg.): Management – Handbuch Electronic Commerce: Grundlagen, Strategien, Praxisbeispiele. – München: Vahlen, 1999, S. 13 – 30.

Holzapfel, Felix (2006): Guerilla Marketing: Online, Mobile und Crossmedia, E-Book. – Köln: Conceptbakery, 2006, abrufbar im Internet, URL: http://guerillamarketingbuch.com/e-book/, Stand: 12.12.2006.

Hudetz, Kai (2006): Online-Shopping in Deutschland – eine nüchterne Analyse, in: Handel im Fokus – Mitteilung des Institutes für Handelsforschung, 58. Jg., 2006, Heft 2, S. 84 – 100.

Hudetz, Kai; Duscha, Andreas; Wilke, Kai (2004): Kundenbindung über das Internet: Ergebnisse einer empirischen Studie, Elektronische Fassung. – Köln: Institut für Handelsforschung an der Universität zu Köln, 2004.

Intershop: E-Commerce-Software, URL: http://www.intershop.de/solutions/e-commerce_ software, Stand: 11.11.2006.

Kaapke, Andreas; Wilke, Kai (2001): Neue Medien als strategische Herausforderung für kleinere und mittlere Unternehmen aus dem Handelssektor, in: Thexis: Fachzeitschrift für Marketing, 18. Jg., 2001, Heft 1, St. Gallen, S. 47 – 52.

Kahle, Steffen (2004): Virtuelle Marktplätze und E-Shops, Seminararbeit, Universität Koblenz-Landau, 2004, abrufbar im Internet, URL: http://www.uni-koblenz.de/~kgt/PM /SemA, Stand: 04.01.2007.

Kenzelmann, Peter (2005): Kundenbindung: Kunden begeistern und nachhaltig binden, 2. Auflage. – Berlin: Cornelsen, 2005.

Kotler, Philip (2004): Philip Kotlers Marketing-Guide: die wichtigsten Ideen und Konzepte. – Frankfurt; New York: Campus, 2005.

Kotler, Philip; Jain, C. Dipak; Maesincee, Suvit (2002): Marketing der Zukunft: mit „Sense and Response" zu mehr Wachstum und Gewinn. – Frankfurt; New York: Campus, 2002.

Kramer, Philip; Herrmann, Michael (2005): Datenschutz und E-Commerce: eine Einführung in die wichtigsten rechtlichen Aspekte. – Berlin: Erich Schmidt, 2005.

Lerg, Andreas (2006): Warenversand im Überblick: Weg Damit!, in: webselling: PCPr@xis-Sonderheft, o. Jg., 2006, Heft 3, S. 85 – 88.

Löfken, O. Jan (2003): Jeder kennt jeden über sechs Ecken, 09.08.2003, URL: http://www.wissenschaft.de/wissen/news/225709.html, Stand: 10.12.2006.

Loyaltix: Customer Lifetime Value (CLV), URL: http://www.loyaltix.at/faq/one?faq_id=50 &show_entry_id=55#list_55, Stand: 05.11.2006.

MDStV (2002): Mediendienste-Staatsvertrag, 2002, URL: http://www.datenschutz-berlin.de /recht/de/stv/mdstv.htm, Stand: 25.12.2006.

Meffert, Heribert (2000): Marketing: Grundlagen marktorientierter Unternehmensführung: Konzepte – Instrumente – Praxisbeispiele, 9. überarbeitete und erweiterte Auflage. – Wiesbaden: Gabler, 2000.

Merz, Michael (2002): E-Commerce und E-Business: Marktmodelle, Anwendungen und Technologien, 2. aktualisierte und erweiterte Auflage. – Heidelberg: Dpunkt, 2002.

Migalk, Frank; Rickes Roland (2005): Elektronische Marktplätze auswählen und nutzen: Handlungsempfehlungen zum Einsatz von eBusiness-Standards für kleinere und mittlere Unternehmen. – Köln: Deutscher Instituts-Verlag, 2005, abrufbar im Internet, URL: http://www.prozeus.de/veroeffentlichungen/prozeus_doc01936.htm, Stand: 03.01.2007.

Montague, Brendan (2006): Spam, spam, spam, spam... you´ve got mail, 19.11.2006, URL: http://www.timesonline.co.uk/article/0,,2087-2460324.html, Stand: 09.12.2006.

Müller, Klaus (2002): Globalisierung. – Frankfurt; New York: Campus, 2002.

Müller-Hagedorn, Lothar (1998): Der Handel. – Stuttgart; Berlin; Köln: Kohlhammer, 1998.

Müller-Hagedorn, Lothar (1999): Kundenbindung mit System, in: Müller-Hagedorn, L. (Hrsg.): Kundenbindung im Handel. – Frankfurt: Deutscher Fachverlag, 1999, S. 11 – 44.

N24.de (2006): Schlechte Internetseiten machen krank, 21.12.2006, URL: http://www.n24.de /wissen_technik/multimedia/article.php?articleId=89909&teaserId=90522, Stand: 29.12.2006.

NEG (2003): Empirische Daten und Prognosen zum Multi-Channel-Management: Kurz-umfrage des ECC Handel zur Kaufvorbereitung im Internet, 09/2003, URL: http:// www.ec-net.de/EC-Net/Navigation/Marketing/multichannelmanagement,did=98830 Stand: 16.11.2006.

Noël, Jean-Marc; Pohle, Jan (2005): Vertrauen in E-Commerce: Ergebnis der Untersuchung „Vertrauen im E-Commerce" vom BVDW, 2005, abrufbar im Internet, URL: http:// www.bvdw.org/fachgruppen/e-commerce/arbeitskreise/vertrauen.html,
Stand: 04.01.2007.

Novomind AG (2006): Berichtsband E-Shopping-Trend 2006: Was Kunden wirklich wollen, Studie, 2006, abrufbar im Internet, URL: http://www.essen.ihk24.de/servicemarken /branchen/Handel/Handel_Innovation/E-Shopping-Trend_2006.jsp, Stand: 11.01.2007.

Ott, J. Hans: Kriterien für Produkte, die über Online-Shops ideal vermarktbar sind, URL: http: //www.kecos.de/script/script_create.php?a_tree=tree&line_nr_sel=144&level_sel=4, Stand: 04.01.2007.

Pago: Maestro-Akzeptanz inklusive, URL: http://www.pago.de/Pago-Online-Acceptance.poa. 0.html, Stand: 01.12.2006.

Pepels, Werner (2002): Moderne Marketingpraxis: eine Einführung in die anwendungsorientierte Absatzwirtschaft. – Herne; Berlin: Neue Wirtschafts-Briefe, 2002.

Picot, Arnold; Reichwald, Ralf; Wigand, T. Rolf (2003): Die grenzenlose Unternehmung – Information, Organisation und Management, 5. aktualisierte und überarbeitete Auflage. – Wiesbaden: Gabler, 2003.

Ploss, Dirk (2001): Das Loyalitäts-Netzwerk: Wertschöpfung in einer neuen Wirtschaft. – Bonn: Galileo Press, 2001.

Rakow, Jürgen (2006): Spruch der Woche, in: Computer Bild, o. Jg., 2006, Heft 16, S. 8.

Riner, Qris (2004): Einsatzmöglichkeiten von E-Mail-Marketing, 2004, URL: http:// www.nemuk.com/online_permissionmarketing.html?knowledgebase.html,
Stand: 03.12.2006.

Rink, Jürgen (2006): Wenn der Kunde zweimal klingelt, in: c´t: Magazin für Computer-Technik, o. Jg., 2006, Heft 6, S. 178 – 189.

Salzig, Christoph (2005): Keine Frage des OB – nur des WANN und WIE: Internet-Telefonie (VoIP): Wirtschaftlicher und flexibler als die traditionelle Telekommunikation, in: WIRTSCHAFT digital, o. Jg., 2005, Heft 1, S. 32 – 35.

Salzig, Christoph (2006): Social Commerce – Online-Handel der nächsten Generation, 07.11.2006, URL: http://www.bvdw.org/uploads/media/2300_001_medienmittwoch_061106.pdf, Stand: 10.12.2006.

Schildhauer Thomas (2005): Die Meta-Ebene der interaktiven Kommunikation: Instant Messaging im unternehmerischen Einsatz, in: WIRTSCHAFT digital, o. Jg., 2005, Heft 2, S. 45 – 48.

Schlenker, Mattias (2006): Bei Google & Co. ganz nach oben, in: webselling: PCPr@xis-Sonderheft, o. Jg., 2006, Heft 3, S. 15 – 18.

Schuckel, Marcus; Ritzka, Nina (2001): Mass Customization, in: Global Company (Hrsg.): E-Business & M-Business: Einsichten, Ansichten und Ideen rund um das elektronische Business. – Pulheim; Köln: World Medien, 2001, S. 87 – 105.

Schwarz, Torsten (2004): Leitfaden eMail Marketing und Newsletter-Gestaltung: Erfolg im Online-Marketing: neue Kunden gewinnen und binden: Mailingkosten sparen. – Waghäusel: Absolit Dr. Schwarz Consulting, 2004.

Siek, Markus (2006): 20 frische Ideen für Sonderaktionen, in: webselling: PCPr@xis-Sonderheft, o. Jg., 2006, Heft 3, S. 12 – 14.

Sony Style Europe: C-Serie, URL: http://shop.sonystyle-europe.com/SonyStyle/b2c/ deeplink. do?s=externa&ss=vaioc1&countryId=DE&campaignId=LEC-ODWC1, Stand: 16.12.2006.

Statistisches Bundesamt – Pressestelle (Hrsg.) (2006): Informations-Technologie in Unternehmen und Haushalten 2005. – Wiesbaden: Statistisches Bundesamt, 2006, abrufbar im Internet, URL: http://www.destatis.de/informationsgesellschaft/d_home.htm, Stand: 04.01.2007.

Steinmüller, Karlheinz (2002): Trends und Konsumverhalten – Ein Blick in die Kristallkugel: Was bringt uns die Zukunft?, Vortrag, 2002, abrufbar im Internet, URL: http://www.agenda21nrw.de/service/download/index.html, Stand: 31.10.2006.

Steyer, Ronald (1998): Ökonomische Analyse elektronischer Märkte, in: Lehrstuhl für Allg. BWL und Wirtschaftsinformatik, Johannes Gutenberg-Universität (Hrsg.): Arbeits-papiere WI, Nr. 1/1998, abrufbar im Internet, URL: http://geb.uni-giessen.de/geb/ volltexte/2004/1674/, Stand: 03.01.2007.

Stolpmann, Markus (2002): Vom (Un-)Sinn der Bannerwerbung, 30.01.2002, URL: http://www.edings.de/index.php/blog/comments/eentry00008.html, Stand: 25.11.2006.

TDDSG (1997): Teledienstedatenschutzgesetz, 1997, zuletzt geändert durch Gesetz vom 14.12.2001 (BGBl. I 3721), abrufbar im Internet, URL: http://bundesrecht.juris.de /tddsg, Stand: 08.12.2006.

TDG (1997): Teledienstegesetz, 1997, zuletzt geändert durch Gesetz vom 10.11.2006 (BGBl. I 2553), abrufbar im Internet, URL: http://bundesrecht.juris.de/tdg, Stand: 24.12.2006.

TNS Infratest (2005): Zentrale Erkenntnisse: Online-Gütesiegel: für Initiative D21 e.V., 2005, abrufbar im Internet, URL: http://www.safer-shopping.de/index.php?id=17&backPID= 17&tt_news=62, Stand: 05.01.2007.

UWG (2004): Gesetz gegen den unlauteren Wettbewerb, 2004, zuletzt geändert durch gesetzt vom 19.4.2006 (BGBl. I 866), abrufbar im Internet, URL: http://bundesrecht.juris.de /uwg_2004, Stand: 07.12.2006.

van Baal, Sebastian (2006): Wechselwirkungen im Multi-Channel-Vertrieb, Studie, 2006, abrufbar im Internet, URL: http://www.ecc-handel.de/wechselwirkungen_im_multi-channel-vertrieb_223001.php, Stand: 16.11.2006.

Vilchez, Fanny (2004): Händler- und Kundenverhalten in Preisvergleichsplattformen: eine Fallstudie über Geizhals.at, 2004, abrufbar im Internet, URL: http://unternehmen. geizhals.at/presse/studie.html, Stand: 09.01.2007.

Volz, Rainer (2003): RSS kurzgefasst, 13.08.2003, URL: http://www.vrtprj.de/content /istandards/rssguide_de.html, Stand: 08.12.2006.

WEBAGENCY (1999): Kosten der Neukundengewinnung: Bannerwerbung nicht effizient?, 1999, URL: http://www.webagency.de/infopool/marketing/bannereffizienz.htm, Stand: 04.11.2006.

Weblions (2005): Die drei Säulen des Online-Marketings, E-Book, 2005, abrufbar im Internet, URL: http://www.web-lions.de/e-books/online-marketing.php, Stand: 22.11.2006.

Wisotzky, A. Patrick (2001): Digitale Kundenbindung. – Lohmar; Köln: Josef Eul, 2001.

10 Ehrenwörtliche Erklärung

Ehrenwörtliche Erklärung

Ich erkläre hiermit ehrenwörtlich, dass ich die vorliegende Arbeit selbstständig angefertigt habe. Die aus fremden Quellen direkt oder indirekt übernommenen Gedanken sind als solche kenntlich gemacht. Es wurden keine anderen als die angegebenen Quellen und Hinweise verwandt.

Die vorliegende Arbeit wurde bisher keiner anderen Prüfungsbehörde vorgelegt und auch noch nicht veröffentlicht.

Wismar,_____   _____

                                          Unterschrift

11 Anlage A

Der Fragebogen

Vorwort

Hallo,

Diese Onlineumfrage wird im Rahmen meiner Diplomarbeit an der Hochschule Wismar durchgeführt. Die Fragen richten sich aber nicht nur an Onlinekäufer. Jeder, der das Internet als Informations- und Kommunikationsmedium nutzt, kann dazu etwas beitragen und erhält zudem die Möglichkeit, einen MiniTwist USB-Stick als Anerkennung zu gewinnen. Alle Daten werden vertraulich behandelt. Die Umfrage läuft vollkommen anonym und dauert 5 - 7 Minuten.

Unter den Teilnehmern werden 10 MiniTwist 512MB USB-Sticks mit Sync.-Software und Passwortschutz verlost.

Die Gewinner werden per E-Mail verständigt.

Vielen Dank!

Impressum:

Genti Beqiri
Hochschule Wismar
Wirtschaftsinformatik

Kontakt:

Internetnutzung

1. Welchen Internetzugang verwenden Sie hauptsächlich?

☐ Modem
☐ ISDN
☐ DSL/xDSL/ADSL
☐ Kabelfernsehen
☐ Mobil (UMTS/GPRS)
☐ Sonstige Breitbandanschlüsse
☐ Weiß nicht

2. Wofür nutzen Sie das Internet hauptsächlich?

Mehrfachantwort möglich

☐ Senden und Empfangen von E-Mails
☐ Telefonieren, Videofonieren (z. B. Skype)
☐ Besuch von Foren, Newsgroups und Chatrooms
☐ Zielgerichtete Informationssuche
☐ Surfen ohne bestimmtes Ziel
☐ Herunterladen von Dateien und Software
☐ Lesen/Herunterladen von Internet-Zeitungen oder -Magazinen
☐ Online-Banking oder andere Finanzdienstleistungen (z. B. Aktienhandel)
☐ Verkaufen/Anbieten von Waren (z. B. Versteigerung)
☐ Kaufen/Bestellen von Waren und Dienstleistungen

3. Haben Sie schon einmal privat im Internet Waren oder Dienstleistungen gekauft oder bestellt?

☐ ja
☐ nein

4. Bei welchen Anbietern haben Sie diese Waren oder Dienstleistungen gekauft?

Mehrfachantwort möglich

☐ Bei Anbietern, die ich durch das Internet gefunden habe
☐ Bei Anbietern, die mir unabhängig vom Internet bereits bekannt waren

Einkaufen über das Internet

5. Wie gelangen Sie auf der Suche nach einem Produkt zu einem Onlineshop, bzw. wie werden Sie auf diesen aufmerksam?

Mehrfachantwort möglich

☐ Bannerwerbung oder Links auf Webseiten
☐ Suchmaschinen und Suchkataloge
☐ Preissuchmaschinen (z. B. www.geizhals.net)
☐ Empfehlung von Internetforen oder Freunden/Bekannten
☐ Direkte Eingabe der Adresse, da bekannt
☐ Hinweise in Printmedien
☐ Radio-/TV-Werbung

6. Welche Waren oder Dienstleistungen haben Sie für den privaten Gebrauch über das Internet gekauft oder bestellt?

Mehrfachantwort möglich

☐ Möbel und Haushaltswaren/-geräte
☐ DVD/CD und sonstige Video- und Audioaufnahmen
☐ Bücher und Zeitschriften
☐ Kleidung
☐ Sportartikel
☐ Computer-Hardware
☐ Elektronikartikel/HiFi
☐ Reisen, Bahn- und Flugtickets
☐ Aktien und Finanzdienstleistungen
☐ Lebensmittel
☐ Sonstiges

7. Wie oft haben Sie 2005/2006 beim gleichen Anbieter gekauft?

☐ 1-mal
☐ 2-mal
☐ 3 bis 5-mal
☐ 6 bis 10-mal
☐ öfter als 10-mal

8. Wenn Sie einen Onlineshop aufsuchen, um eventuell (wieder) einzukaufen, welche Aspekte sind Ihnen dabei wichtig?

Onlineshop	vollkommen unwichtig	unwichtig	teils/teils	wichtig	sehr wichtig
Die Bekanntheit und die Bewertung des Shops (z. B. in Internetforen, Portalen)	R	R	R	R	R
Gütesiegel des Onlineshops von unabhängigen Anbietern	R	R	R	R	R
Personalisierter Bereich (z. B. Kundenkonto, Merkliste etc.)	R	R	R	R	R
Übersichtliche Produktinformationen und virtuelle Kaufberatung (z. B. 3D-Ansicht etc)	R	R	R	R	R
Direkte Kontaktmöglichkeit (Livechat, Callcenter)	R	R	R	R	R
Großes Sortiment/ Produktauswahl	R	R	R	R	R
Einkaufen	vollkommen unwichtig	unwichtig	teils/teils	wichtig	sehr wichtig
Günstige bzw. versandkostenfreie Lieferung	R	R	R	R	R
Auswahlmöglichkeit unter mehreren Zahlungsarten (z. B. Kreditkarten, PayPal)	R	R	R	R	R
Günstige Preise	R	R	R	R	R
Abholmöglichkeit bzw. verschiedene Versandoptionen	R	R	R	R	R
Verfügbarkeitsanzeige/ Lagerstandsanzeige	R	R	R	R	R
Rabattmöglichkeit beim Kauf über einen bestimmten Wert	R	R	R	R	R
Einkaufen	vollkommen unwichtig	unwichtig	teils/teils	wichtig	sehr wichtig
Bestellstatus online abfragen und ggf. Bestellung ändern	R	R	R	R	R
Informationsmail bei Versand/ Sendungsverfolgung	R	R	R	R	R
Zusatzangebote, die zu meiner Bestellung passen	R	R	R	R	R
Lieferzeit	R	R	R	R	R
Korrektheit der Angaben (tech. Beschreibung, Lagerstandsanzeige)	R	R	R	R	R
Reklamationen sind versandkostenfrei	R	R	R	R	R

9. Welchen maximalen Preis (inkl. Versandkosten) sind Sie bereit, im Shop ihres Vertrauens im Vergleich zu anderen Onlineshops zu bezahlen?

☐ Den gleichen Preis
☐ Einen geringfügig höheren Preis
☐ Einen merklich höheren Preis
☐ Einen wesentlich höheren Preis
☐ Der Shop ist mir egal, ich suche den günstigsten Preis

10. Sind irgendwelche Probleme oder Mängel vor, während oder nach der Bestellung im Internet aufgetreten?

☐ ja
☐ nein

11. Welche Probleme sind aufgetreten?

Mehrfachantwort möglich

☐ Technische Probleme während des Bestellvorgangs
☐ Infos rund um den Einkauf waren nicht klar ersichtlich
   (z. B. Bezahlung, Versand, AGBs)
☐ Produktinfos waren nicht vollständig (z. B. tech. Beschreibung fehlte)
☐ Bevorzugte Bezahlungsart war nicht möglich (z. B. Kreditkarte)
☐ Email-Anfrage wurde nicht (zufriedenstellend) beantwortet
☐ Lieferzeit war höher als angegeben
☐ Warenpreis war höher als angegeben (z. B. höher als in der Werbung)
☐ Falsche Ware wurde geliefert bzw. die technische Beschreibung war falsch
☐ Ware war beschädigt oder nicht originalverpackt
☐ Schwierigkeiten bei der Rücksendung oder Reklamation
☐ Sonstige Probleme

Weitere Bemerkungen zu dieser Frage:

12. Welche Bedenken haben Sie gegen das Online-Shopping?

Mehrfachantwort möglich

☐ Ich möchte eine persönliche Beratung
☐ Ich möchte das Produkt ansehen und berühren
☐ Ich habe Sicherheitsbedenken bei Kreditkartenbezahlung
☐ Ich möchte meine persönlichen Daten nicht angeben
☐ Ich sehe keine Preisvorteile
☐ Ich habe kein Vertrauen zu unbekannten Online-Anbietern
☐ Mir fehlt das direkte Kauferlebnis
☐ Für mich ist der Lieferzeitpunkt ungünstig
☐ Hohe Versandkosten
☐ Ich befürchte Probleme mit Warenrückgabe und -umtausch
☐ Online-Kaufen ist mir zu kompliziert
☐ Ich hatte bis jetzt keinen Bedarf, bin aber nicht abgeneigt
☐ Ich habe keine Bedenken

13. Wenn Sie an Waren denken, die sowohl online als auch im stationären Handel vertrieben werden, welche Aussagen treffen auf Sie überwiegend zu?

Verhalten	immer	sehr oft	eher oft	eher selten	sehr selten	nie
Ich informiere mich im stationären Handel und kaufe im stationären Handel ein	R	R	R	R	R	R
Ich informiere mich im Internet und kaufe im stationären Handel ein	R	R	R	R	R	R
Ich informiere mich im stationären Handel und kaufe über das Internet ein	R	R	R	R	R	R
Ich informiere mich im Internet und kaufe über das Internet ein	R	R	R	R	R	R

Newsletter

14. Bekommen Sie einen Newsletter?

☐ ja
☐ nein

15. Welche Informationen und Funktionen des Newsletters sind Ihnen wichtig?

Informationen	vollkommen unwichtig	unwichtig	teils/teils	wichtig	sehr wichtig
Sonderangebote/Abverkauf	R	R	R	R	R
Neue Produkte	R	R	R	R	R
Meistverkaufte Artikel	R	R	R	R	R
Events	R	R	R	R	R
Gewinnspiele	R	R	R	R	R
Funktionen	**vollkommen unwichtig**	**unwichtig**	**teils/teils**	**wichtig**	**sehr wichtig**
Ich möchte den Inhalt selbst bestimmen	R	R	R	R	R
Einfaches Bestellen/Abbestellen	R	R	R	R	R
Ich möchte die Häufigkeit selbst bestimmen	R	R	R	R	R
Ich möchte das Format selbst bestimmen (HTML oder Text)	R	R	R	R	R

16. Wie häufig möchten Sie normalerweise einen Newsletter erhalten?

☐ Täglich
☐ 2-mal wöchentlich
☐ Wöchentlich
☐ 14-tägig
☐ Monatlich
☐ Nur bei Angeboten oder neuen Produkten

17. Welche Bedenken haben sie gegen Newsletter?

Mehrfachantwort möglich

☐ Inhaltlich oft für mich uninteressant
☐ Schlechte Erfahrung (z. B. Abbestellen umständlich/unmöglich)
☐ Ich bekomme ohnehin schon zu viele E-Mails
☐ Kein Vertrauen (Adressweitergabe)
☐ Sicherheitsbedenken (aktive Inhalte etc.)
☐ Keine Bedenken

18. Abschließend bitte ein paar persönliche Angaben für die Statistik

Geschlecht

☐ männlich
☐ weiblich

Altersgruppe

☐ 14 - 24
☐ 25 - 34
☐ 35 - 44
☐ 45 - 54
☐ 55 - älter

Land

☐ Deutschland
☐ Österreich
☐ Schweiz

Postleitzahl

☐ 0xxxx
☐ 1xxxx
☐ 2xxxx
☐ 3xxxx
☐ 4xxxx
☐ 5xxxx
☐ 6xxxx
☐ 7xxxx
☐ 8xxxx
☐ 9xxxx

E-Mail-Adresse

Wenn Sie am Gewinnspiel teilnehmen wollen oder an den Ergebnissen der Umfrage interessiert sind, dann tragen sie bitte hier Ihre E-Mail-Adresse ein.

Mehrfachantwort möglich

☐ Gewinnspiel
☐ Umfrage

Weitere Bemerkungen zu dieser Frage:

DANKE!

12 ANLAGE B

Auswertung der Internetbefragung

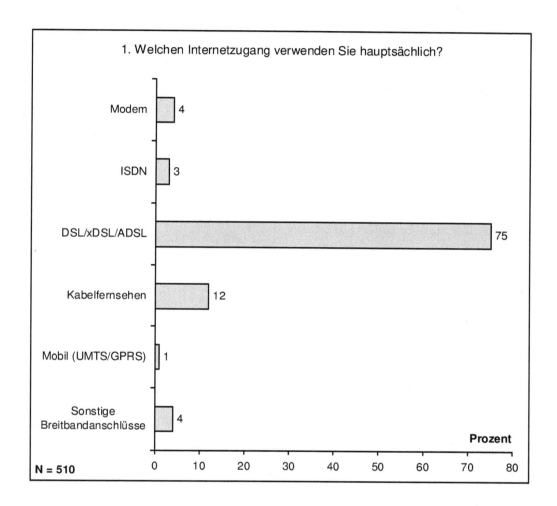

1. Welchen Internetzugang verwenden Sie hauptsächlich?

N = 510

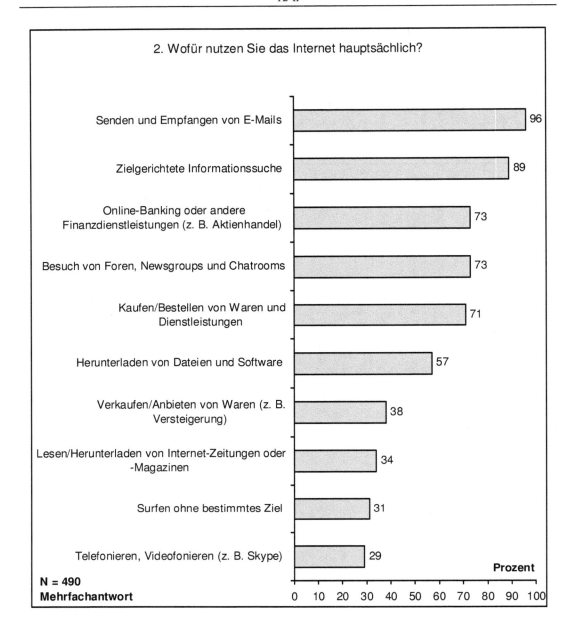

2. Wofür nutzen Sie das Internet hauptsächlich?

Nutzung	Prozent
Senden und Empfangen von E-Mails	96
Zielgerichtete Informationssuche	89
Online-Banking oder andere Finanzdienstleistungen (z. B. Aktienhandel)	73
Besuch von Foren, Newsgroups und Chatrooms	73
Kaufen/Bestellen von Waren und Dienstleistungen	71
Herunterladen von Dateien und Software	57
Verkaufen/Anbieten von Waren (z. B. Versteigerung)	38
Lesen/Herunterladen von Internet-Zeitungen oder -Magazinen	34
Surfen ohne bestimmtes Ziel	31
Telefonieren, Videofonieren (z. B. Skype)	29

N = 490
Mehrfachantwort

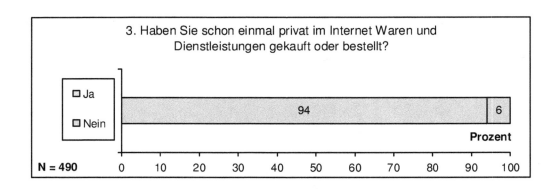

3. Haben Sie schon einmal privat im Internet Waren und Dienstleistungen gekauft oder bestellt?

☐ Ja
☐ Nein

94   6

Prozent

N = 490

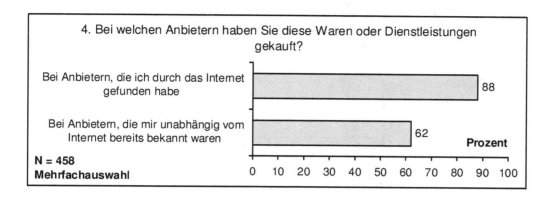

4. Bei welchen Anbietern haben Sie diese Waren oder Dienstleistungen gekauft?

Bei Anbietern, die ich durch das Internet gefunden habe — 88

Bei Anbietern, die mir unabhängig vom Internet bereits bekannt waren — 62

Prozent

0 10 20 30 40 50 60 70 80 90 100

N = 458
Mehrfachauswahl

---

5. Wie gelangen Sie auf der Suche nach einem Produkt zu einem Onlineshop, bzw. wie werden Sie auf diesen aufmerksam?

8   4   4   22

19   21

21

N = 454   **Angaben in Prozent**

☐ Preissuchmaschinen (z. B. www.geizhals.net)

☐ Direkte Eingabe der Adresse, da bekannt

☐ Suchmaschinen und Suchkataloge

☐ Empfehlung von Internetforen oder Freunden/Bekannten

☐ Hinweise in Printmedien

☐ Bannerwerbung oder Links auf Webseiten

☐ Radio-/TV-Werbung

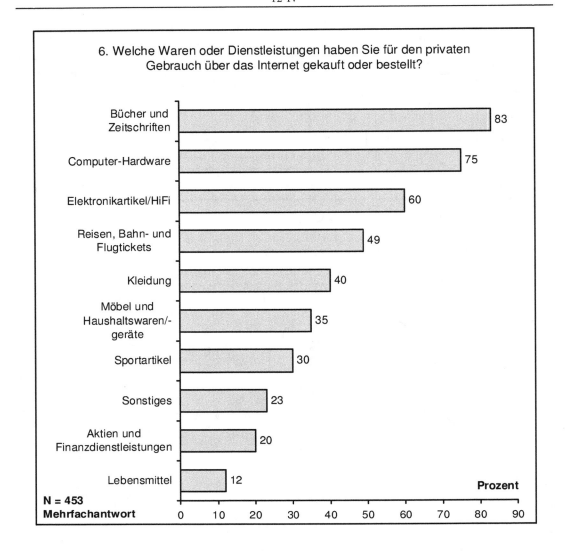

6. Welche Waren oder Dienstleistungen haben Sie für den privaten Gebrauch über das Internet gekauft oder bestellt?

	Prozent
Bücher und Zeitschriften	83
Computer-Hardware	75
Elektronikartikel/HiFi	60
Reisen, Bahn- und Flugtickets	49
Kleidung	40
Möbel und Haushaltswaren/-geräte	35
Sportartikel	30
Sonstiges	23
Aktien und Finanzdienstleistungen	20
Lebensmittel	12

N = 453
Mehrfachantwort

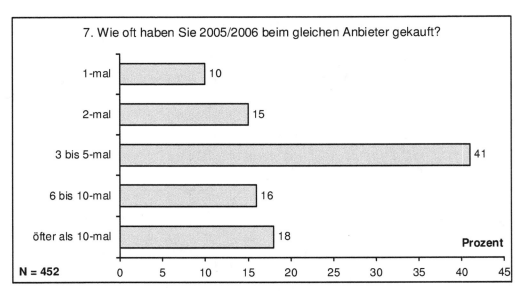

7. Wie oft haben Sie 2005/2006 beim gleichen Anbieter gekauft?

	Prozent
1-mal	10
2-mal	15
3 bis 5-mal	41
6 bis 10-mal	16
öfter als 10-mal	18

N = 452

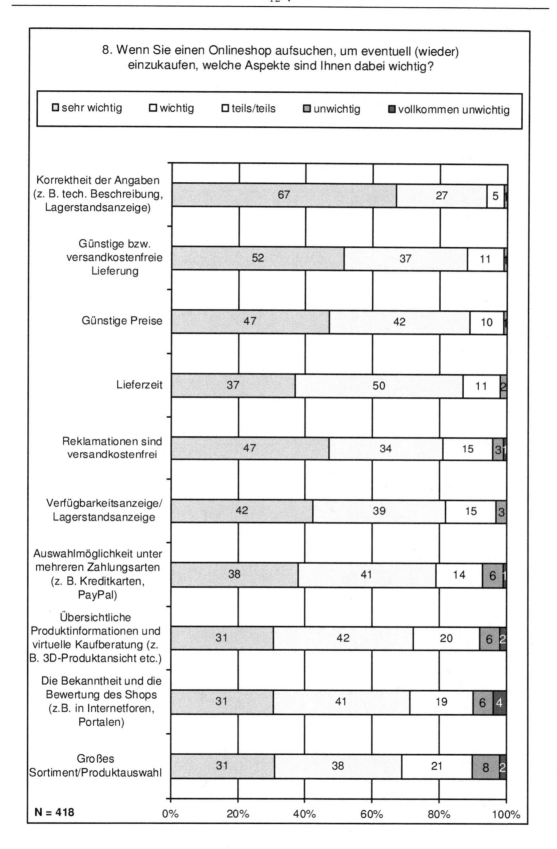

Fortsetzung

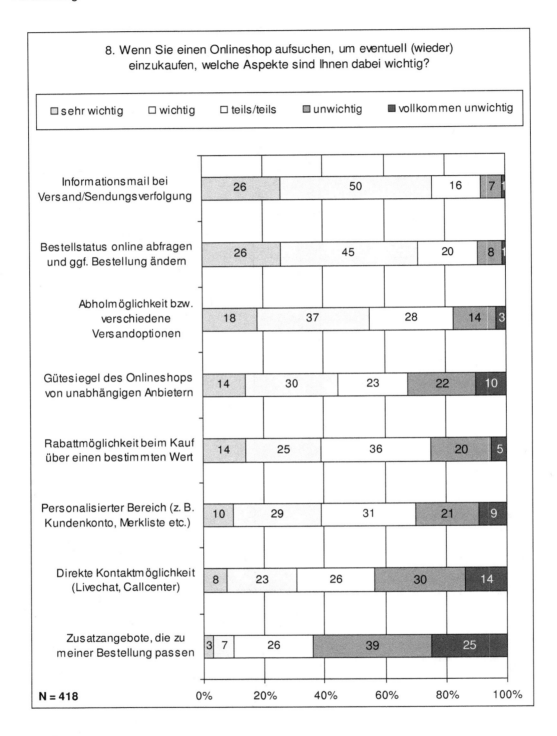

8. Wenn Sie einen Onlineshop aufsuchen, um eventuell (wieder) einzukaufen, welche Aspekte sind Ihnen dabei wichtig?

☐ sehr wichtig ☐ wichtig ☐ teils/teils ▨ unwichtig ■ vollkommen unwichtig

	sehr wichtig	wichtig	teils/teils	unwichtig	vollkommen unwichtig
Informationsmail bei Versand/Sendungsverfolgung	26	50	16	7	1
Bestellstatus online abfragen und ggf. Bestellung ändern	26	45	20	8	1
Abholmöglichkeit bzw. verschiedene Versandoptionen	18	37	28	14	3
Gütesiegel des Onlineshops von unabhängigen Anbietern	14	30	23	22	10
Rabattmöglichkeit beim Kauf über einen bestimmten Wert	14	25	36	20	5
Personalisierter Bereich (z. B. Kundenkonto, Merkliste etc.)	10	29	31	21	9
Direkte Kontaktmöglichkeit (Livechat, Callcenter)	8	23	26	30	14
Zusatzangebote, die zu meiner Bestellung passen	3	7	26	39	25

N = 418

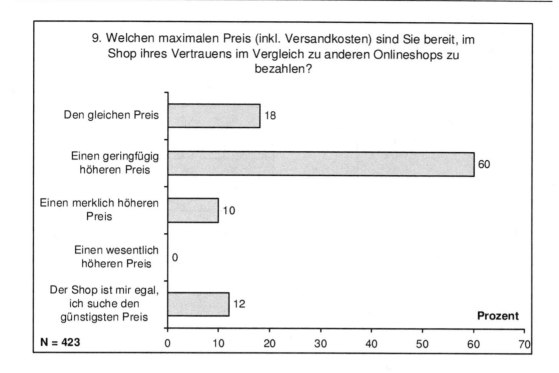

9. Welchen maximalen Preis (inkl. Versandkosten) sind Sie bereit, im Shop ihres Vertrauens im Vergleich zu anderen Onlineshops zu bezahlen?

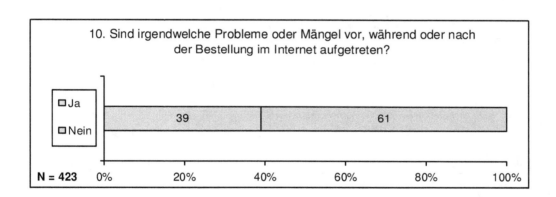

10. Sind irgendwelche Probleme oder Mängel vor, während oder nach der Bestellung im Internet aufgetreten?

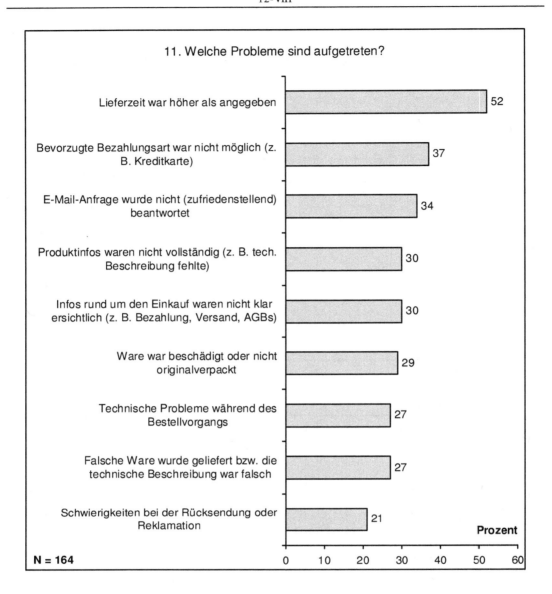

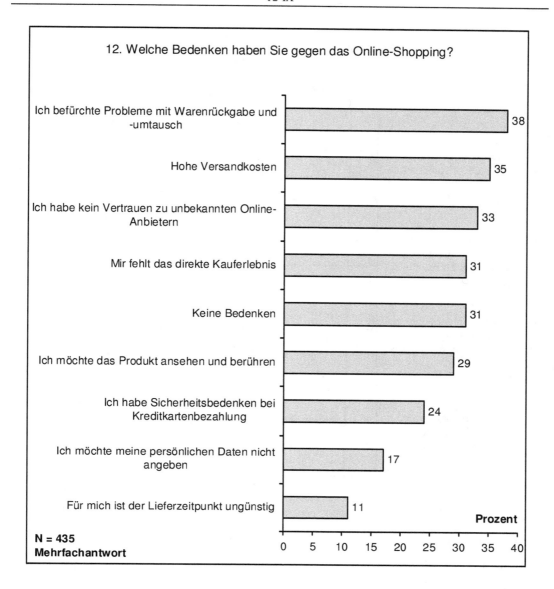

12. Welche Bedenken haben Sie gegen das Online-Shopping?

Bedenken	Prozent
Ich befürchte Probleme mit Warenrückgabe und -umtausch	38
Hohe Versandkosten	35
Ich habe kein Vertrauen zu unbekannten Online-Anbietern	33
Mir fehlt das direkte Kauferlebnis	31
Keine Bedenken	31
Ich möchte das Produkt ansehen und berühren	29
Ich habe Sicherheitsbedenken bei Kreditkartenbezahlung	24
Ich möchte meine persönlichen Daten nicht angeben	17
Für mich ist der Lieferzeitpunkt ungünstig	11

N = 435
Mehrfachantwort

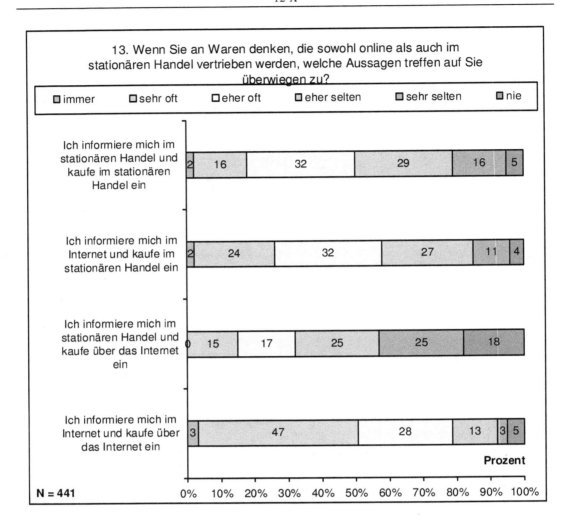

13. Wenn Sie an Waren denken, die sowohl online als auch im stationären Handel vertrieben werden, welche Aussagen treffen auf Sie überwiegen zu?

□ immer □ sehr oft □ eher oft □ eher selten □ sehr selten □ nie

Aussage	immer	sehr oft	eher oft	eher selten	sehr selten	nie
Ich informiere mich im stationären Handel und kaufe im stationären Handel ein	2	16	32	29	16	5
Ich informiere mich im Internet und kaufe im stationären Handel ein	2	24	32	27	11	4
Ich informiere mich im stationären Handel und kaufe über das Internet ein	0	15	17	25	25	18
Ich informiere mich im Internet und kaufe über das Internet ein	3	47	28	13	3	5

Prozent

N = 441

0% 10% 20% 30% 40% 50% 60% 70% 80% 90% 100%

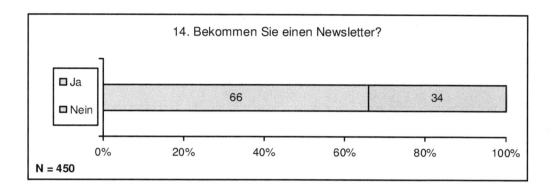

14. Bekommen Sie einen Newsletter?

☐ Ja	
☐ Nein	

66   34

0%   20%   40%   60%   80%   100%

N = 450

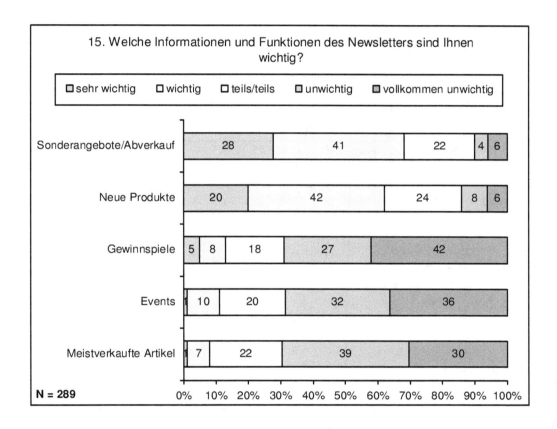

15. Welche Informationen und Funktionen des Newsletters sind Ihnen wichtig?

☐ sehr wichtig   ☐ wichtig   ☐ teils/teils   ☐ unwichtig   ☐ vollkommen unwichtig

	sehr wichtig	wichtig	teils/teils	unwichtig	vollkommen unwichtig
Sonderangebote/Abverkauf	28	41	22	4	6
Neue Produkte	20	42	24	8	6
Gewinnspiele	5	8	18	27	42
Events	1	10	20	32	36
Meistverkaufte Artikel	1	7	22	39	30

N = 289

0%   10%   20%   30%   40%   50%   60%   70%   80%   90%   100%

Fortsetzung

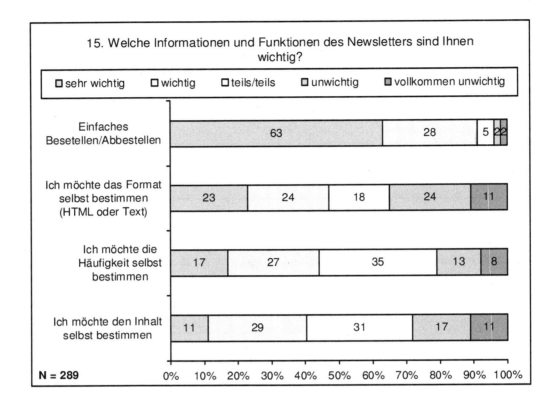

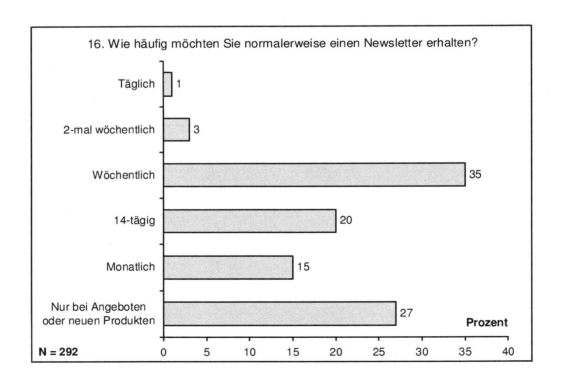

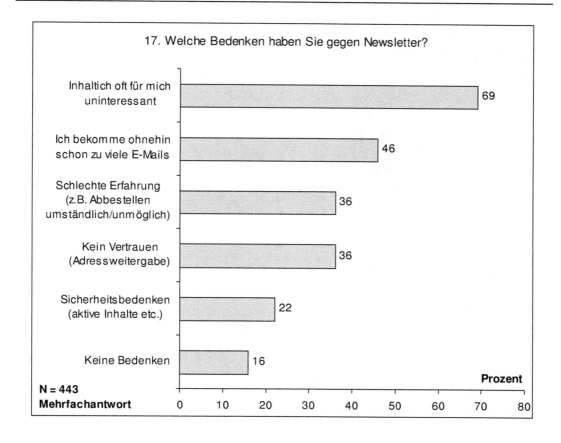

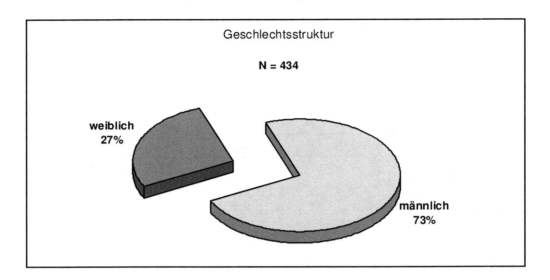

Geschlechtsstruktur

N = 434

weiblich 27%

männlich 73%

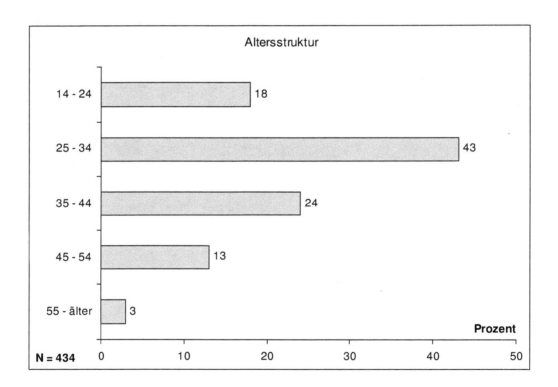

Altersstruktur

	Prozent
14 - 24	18
25 - 34	43
35 - 44	24
45 - 54	13
55 - älter	3

N = 434   0   10   20   30   40   50

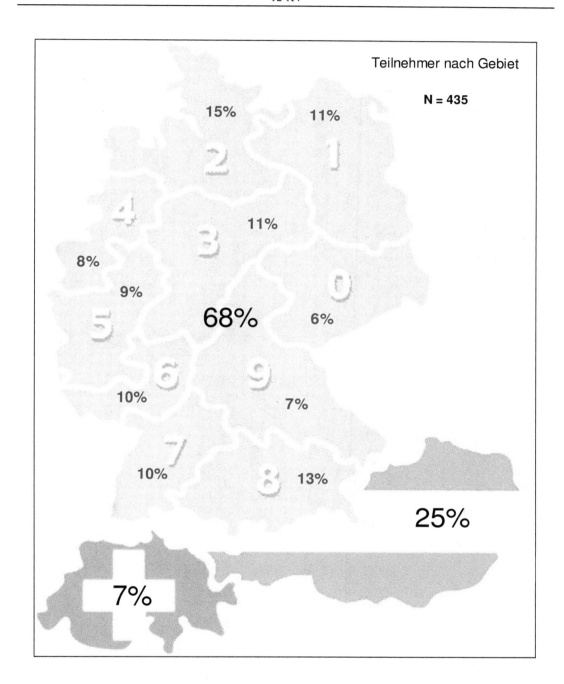

www.ingramcontent.com/pod-product-compliance
Lightning Source LLC
LaVergne TN
LVHW082347060326
832902LV00017B/2705